슬기로운 노후준비

방용호 지음

북산책

머리말

　오는 11월이면 나는 94세가 된다. 부모님의 생애보다 두 배 넘게 살았으며, 퇴직한 지도 벌써 35년째이다. 우리 모두가 장수하는 시대를 살고 있다. 한국은 장수(長壽)에 더해 저출산 문제까지 겹쳐, 급격히 초고령 사회로 변해가고 있다. 따라서, 길어지는 노후를 더 이상 자식들에게만 의존할 수 없으며, 본인 스스로 철저히 준비해야 하는 시대가 되었다. 노후준비를 제대로 하지 못하면, 본인의 불행을 초래할 뿐만 아니라 국가와 사회에도 부담이 되며, 심지어는 사랑하는 자녀들을 불효자로 만들 수도 있다. 나는 이러한 엄청난 노후의 참사를 젊을 때부터 인식하고, 이에 대처할 수 있도록 돕기 위해 이 책을 집필했다.

　『슬기로운 노후 준비』는 총 6부로 구성되어 있다. 제1부는 노화에 반항하는 인간의 끈질긴 투쟁, 그리고 고령화와 저출산이 합세하여 만들고 있는 '초고령사회'에서 신음하는 한국 노인빈곤층의 실태를 다루었다. 제2부에서는 이 변화에 따르는 노후생활에서 당면한 난제들과 유의사항들을 정리했고, 제3부는 '노후 3대 고(孤)'(고독, 노환, 금전)를 어떻게 대처해야 할지를 구체적으로 설명했다.

　이 책자의 후반부는 35년에 걸친 노후생활을 경험한 한 사람으로서의 소회를 담고 있다. 제4부는 미국 이민 생활 속에서 체험한 새로운 것들(빗나간 노후의 꿈, 종착지로서의 미국 이민 생활의 경험), 제5부는 두 번째 10년간의 활동: 소일거리로서 끈질긴 여행과 집필활동, 이에 소요되는 자금조달을 위한 용돈 벌이, 그리고 제6부는 심신의 기력이 쇠퇴해지는 세 번째 10년간으로서 존엄한 마지막 나들이를 위한 나름대로의 준비를 기록했다.

　이 책은 나의 12번째 저서이며, 이를 아름답게 출판해 주신 『북산책』 출판사의 김영란 대표님께 깊이 감사드린다. 특별히 내 원고를 가장 먼저 읽고 한글 교정과 조언을 아끼지 않으며, 집필을 지속할 수 있도록 격려해 준 나의 아내에게 깊은 감사를 전한다. 이번이 그녀에게 마지막 한글 교정이 되지 않을까 싶어 그 아쉬움이 더욱 크다.

2025년 5월 1일　방 용 호

목 차   슬기로운 노후 준비

제 1 부 노화(老化)   06

제1장   노화(Aging)   08
제2장   항노화(抗老化, Anti-aging)   17
제3장   고령화 사회(Aging Society)   26

제 2 부 노후생활   32

제4장   제3의 인생: 노후생활   34
제5장   보람찬 노후생활   42
제6장   무모하고 허무한 노후생활   49
제7장   노후의 유의(有意)사항   54
제8장   한국의 노인빈곤   59

제 3 부 노후대책과 준비   68

제 9장   노후준비가 필요한 이유   70
제10장   노환과 건강관리   75
제11장   무엇으로 살 것인가?   84
제12장   늘어나는 노후시간의 대비책   94
제13장   노후고독을 극복하려면   102

제 4 부 나의 노후생활: 첫 10년   108

제14장 빗나간 나의 노후계획   110
제15장 미국 이민으로 종착된 노후생활   118
제16장 노후 이민생활의 첫 걸음   124
제17장 42년 만에 찾아간 고향, 북조선   134
제18장 인도네시아 직업훈련 프로젝트   149

제 5 부 나의 노후생활: 두 번째 10년   156

제19장 저술: 이상적인 노후 일거리   158
제20장 노후여행의 진미(眞味)   169
제21장 노후용돈을 위한 주식거래   179

제 6 부 나의 노후생활: 세 번째 10년   188

제22장 존엄한 죽음의 준비   190
제23장 조국: 마지막 두 고향 나들이   199
제24장 영결식에 쓰일 자작 동영상   208

제1부

노화(老化, Aging)

노화가 만드는 노년기는 서산에 지는 해처럼
한 삶을 끝내는 저녁나절이다.
그 저녁나절도 끈질긴 인간의 노력으로 길어짐으로
어떻게 준비하느냐에 따라 감미로운 노년기가 될 수 있다.

제 1 장 | 노화(Aging)

제 2 장 | 항노화(抗老化, Anti-aging)

제 3 장 | 고령화 사회(Aging Society)

슬기로운 노후준비

1

노화(Aging)

 노화(老化)

   모든 생물체가 그러하듯이, 인간도 나이가 들면서 점차 쇠퇴(衰退)해가는 과정을 겪는다. 이를 노화(老化)라고 한다. 노화 과정이 길어짐에 따라, 사람들은 편의상 노년기(老年期)를 초노기(初老期), 노화기(老化期), 그리고 노쇠기(老衰期) 세 단계로 구분하기도 한다. 정확히 말해 노화는 천리(天理)에 순응하며 한 삶을 마무리하는 자연스러운 과정으로 이는 인생의 불가피한 마지막 단계라 할 수 있다. 그 단계를 구약성경의 위대한 인물 욥(Job)은 서산에 걸쳐있는 태양처럼 저물어가는 인생이라는 뜻에서 모년(暮年)이라고 표현했다(욥 42:12). 어쩌면 모년은 창조주께서 우리에게 자비로 허락하신 '땅 위에서의 저녁나절'과도 같다. 비록 그 허락된 시간이 지금까지 살아온 햇수에 비하면 극히 짧지만, 세상에서의 삶을 매듭짓는 유일한 기회이기도 하다.

   과학자들이 말하는 노화의 원인은 세포노화(Cellular Senescence)라고 한다 (Liochev, 2015). 여기에서 의미하는 세포(細胞)의 노화란 외침(外侵)에 의한 세

---

* Liochev, S. I.(2015). Which Is the Most Significant Cause of Aging? Antioxidants. 4 (4): 793-810.

포의 괴사나 병적인 죽음(Necrosis)이 아니고 그 많은 능동적인 세포들이 활발한 세포분열(50회 정도로 알려져 있음)을 중단하거나 혹은 죽음에 이르는 탓이다(Apoptosis). 이를테면 세포의 축소, 실질세포의 사멸, 세포간 물질유통의 감소, 결합조직의 보상이나 증식의 쇠퇴 등이다(Ahmed, et al., 1917). 학자들 중에는 세포의 건조가 노화의 원인이라는 이유로 세포에 수분을 채우라는 주장도 있다.

이러한 세포 노화(Cellular Senescence)로 인해 조직과 기관(Organ)의 구조가 단순화되거나 소형화되면서, 이전처럼 활발했던 기능이 점차 쇠퇴하고 결국 소실된다. 그 결과, 정상적인 생리 작용에도 변화가 생긴다. 최근 연구에서는 세포 내 원형질(原形質)의 변질이 물질대사에 장애를 초래하기 때문이라는 논문들이 속출하고 있으며, 일부 학자들은 세포 내 DNA 기능 감퇴, 면역 능력 저하 등이 노화의 주요 원인이라고 주장하기도 한다(Pereira-Smith and Ning, 1992).

노화현상

노화의 원인이 무엇이든 간에, 사람은 나이가 들수록 늙어간다는 여러 신호(Sign)가 신심(身心)에 하나씩 나타나는 모습이 노화현상이다. 이러한 현상은 단순한 퇴화(Retrogression)라기보다, 생리적·기능적 퇴행(Retrogradation)이 원인이라는 견해가 많다. 그러나 퇴행하지 않는 것이 있다면 그것은 연륜과 함께 쌓여가는 지식과 경험뿐일 것이다.

노화 현상의 첫 번째 신호는 사람마다 다르게 나타난다. 과거 농경 사회에서는 걸음걸이의 변화가 노화의 시작으로 여겨졌다면, 오늘날 도시인들에게는 얼굴에

---

* Ahmed, A. S., M. H, Sheng, S. Wasnik, D. J. Baylink and K. W. Lau(2017). Effect of aging on stem cells. World Jour. of Experimental Medicine. 7(1): 1-10.
* Pereira-Smith, O. M. and Y. Ning(1992). Molecular genetic studies of cellular senescence. Experimental Gerontology. 27: 519-22.

서 그 신호가 먼저 나타나는 경우가 많다. 특히 여성의 경우, 노화의 첫 번째 신호는 얼굴의 주름살(Wrinkles)이 아닐까 싶다. 그러나 대부분의 사람은 이러한 변화를 인식하지 못한 채 무심코 지나쳐 버린다. 나의 경우도 20대 후반부터 안경을 착용하기 시작해 70대까지 지속적으로 도수(度數)가 높아졌지만, 이를 노화의 신호로 받아들이기보다는 단순히 부모님으로부터 물려받은 선천적인 영향이라고만 생각해 왔다.

연륜과 더불어 쇠퇴하는 것은 육체와 정신적인 원기(Vitality) 모두에서 발생한다. 눈의 시력(視力)과 귀의 청각(Hearing)뿐만 아니라 코의 후각(Smelling), 미각(Tasting), 촉각(Touching) 등의 오감(五感) 모두에 하나씩 나타난다. 청각의 경우 소년 시절부터 퇴행하기 시작한다고 한다. 매일의 활동에 근본이 되는 근육의 탈력(脫力)과 기력까지도 나이가 들면서 서서히 감소해 간다(Gerasimov and Ignatov, 2004). 그리하여 노화 현상으로 나타나는 탈모(脫毛)로 인해 중년 노인이라는 놀림을 받는 사람들도 있다. 빠르면 40대 초부터 까만 머리카락이 빠지기 시작하기도 하며, 흰색으로 변하다 보면 어느덧 갱년기(Menopause)에 도달하게 된다.

[사진 1-1] 세계 제2차 대전의 미국 재향군인의 늙은 모습
Lawrence N. Brooks의 110세와 34세(US Watch, 2022.1.16)

눈에 보이지 않는 노화 현상은 우리 몸의 조직과 기관을 구성하는 세포들이 활성을 잃으면서 신진대사가 약해지고 에너지 공급이 감소하기 때문이다. 그 결과, 젊은 시절의 향로기(向老期)에 비해 추위와 더위에 더욱 예민해져 점점 견디기가 어려워진다. 구약성서에 기록된 고대 이스라엘의 왕 다윗도 노년에 무더운 여름 나라에서 이불을 덮어도 따뜻함을 느끼지 못했다고 한다(왕상 1:1).

의학계에서 말하는 노화 현상 중 하나는 면역력(Immunity)의 쇠약으로, 이로 인해 모년기(暮年期)의 사람들은 병원균의 침입을 더욱 쉽게 받게 된다. 한 예로, 우한 폐렴 바이러스(Covid-19) 감염자 22만 4천 명을 연령별로 조사한 바 있다(Epic Health Research Network). 그 결과, 65세 이상의 고령 인구에서 입원율(19.75%), 응급 치료율(4.22%), 그리고 사망률(2.74%)이 절대적으로 높았다는 보도가 있었다(Wall Street Journal, 2021.11.22.). 이에 따라 2021년 Covid-19 예방 접종이 시행될 때, 각국에서 감염에 대한 저항력이 약한 노년층을 우선 접종 대상으로 삼았다. WHO(2023)의 집계에 따르면, 2023년 5월 기준 Covid-19로 인한 사망자는 7,075,455명에 달했다. 또한, 유럽의 한 역학 학술지(European Journal of Epidemiology 35(2023):1128-1138)의 발표에 따르면, 86세 이상의 고령층 사망률은 28.3%로, 55-64세 인구(0.75%)보다 35배 이상 높았다(표 1.2).

연령별	사망율
0-34	0.00
35-44	0.06
45-54	0.23
55-64	0.75
65-74	2.50
75-84	8.50
85 이상	28.30

[표 1-2] 연령별 Covid-19 사망률(%)
(IFR, Infection fatality Rate)

---

* Gerasimov, I. G. and D. Y. Ignatov(2004). Age Dynamics of Body Mass and Human Lifespan. Jour. of Evolutionary Biochemistry and Physiology. 40(3): 343-349.

면역력 감소에 더하여, 노년층이 직면하는 더욱 심각한 사회문제는 성인병(成人病)이다(Belikov, 2019). 특히 간질환, 고혈압, 당뇨병, 동맥경화증, 뇌졸중 등과 같이 노화가 주요 원인이 되는 질환으로 인해 사망하는 비율은 전체의 약 3분의 1이지만, 공업 선진국에서는 그 비율이 90%에 달한다고 한다. 성인병과 함께 노년기에 이른 사람들에게 비참한 결말을 안겨주는 질환이 바로 치매(Dementia)이다. 나이가 들수록 기억력 상실률은 점점 높아지며, 65-74세 연령층에서는 3%에 불과하지만, 75-84세에서는 19%, 그리고 85세 이상에서는 50%에 이른다(Larson et al., 2013).

 심리적 변화

육신의 변화에 따라, 몸과 상호 의존하는 마음도 나이와 함께 위축된다. 심리적(心理的) 변화란 젊은 시절의 열정, 용기, 모험, 꿈, 그리고 기력까지 점차 시들어가면서, 정신적으로도 적극적인 모습에서 소극적으로 변해 가는 것을 의미한다. 연륜이 더해짐에 따라 시청(視聽)력, 기억력, 감수성 등이 저하될 뿐만 아니라, 심리적인 위축도 더욱 심해진다. 또한, 오랜 세월 동안 정을 나누던 친지들이 하나둘 먼저 세상을 떠날 때, 그로 인한 마음의 위축은 피할 수 없는 일이 된다.

마음의 위축으로 인해 젊은 시절 가졌던 자신감, 확신, 그리고 신뢰감을 보완하기 위해 과거에 집착하게 되는 경우도 있다. 흔히 한때 힘을 과시했던 직책이나 권세, 혹은 재물과 추억에 매달리거나, 자녀나 친지들의 권위를 내세워 자신을 보완하려고 한다. 때로는 고령자라는 이유로 스스로 '손윗사람'이 되어 변화하는 시대에 대한 관심보다는 자신의 과거 '나 때는'만 합리화하는 데 몰두하게 되고, 결국 습관적인 독선(獨善)에 빠져 조직이나 공동체로부터 고립될 수도 있다. 따라서 과거를 내려놓고, 단조로운 평민이 되는 겸손한 자세로 변화해야 한

---

* Belikov, A. V.(2019). Age-related diseases as vicious cycles. Ageing Research Reviews. 49: 11-26.
* Larson, E. B., K. Yaffe and K. M. K. Langa(2013). New insights into the dementia epidemic. The New England Jour. Medicine. 369 (24): 2275-7.

다. 미국의 39대 대통령 지미 카터(James E. Carter)는 백악관을 떠난 후 오히려 그의 인기가 더욱 높아졌다. 평민으로 돌아온 그는, 크게는 현 정부가 손이 미치지 못하는 국제 문제를 돕는 한편, 작게는 지역사회와 교회를 위해 꾸준히 봉사하며 삶을 이어갔다.

가치관

나이가 들면 경제활동에서 자연스럽게 손을 놓아야 한다. 자영업은 고용된 직업에 비해 선택의 여지가 많지만, 그 어떤 경우에도 능력이 떨어져서도 아니고 일을 하기 싫어서도 아니다. 단지 관례에 따라 젊은이들에게 일자리를 내주어야 한다. 그러나 경제활동에서 멀어지게 되면 사회적 위치는 물론 인간적인 가치까지 잃어버렸다는 기분이 들면서 마음의 상처를 받게 된다. 이때 감수해야 할 가치 변화는 크게 두 가지로 나뉜다. 하나는 국가와 사회, 그리고 가족들에게 부담이 되지 않으려는 우려이고, 다른 하나는 그들로부터 쉽게 소외당하는 것이 아닌가 하는 염려이다. 하지만 노후에도 계속 새로운 추억을 만들어 간다면, 이러한 우려를 충분히 감당할 수 있다고 한다. 새로운 추억을 만든다는 것은 젊은 시절처럼 국가와 사회에 보탬이 되는 시민으로서 책임을 다하는 것과 다름없다.

혼밥과 독거

말동무가 하나둘 떠나고, 결국 혼자 쓸쓸히 먹는 밥을 어느 순간부터 '혼밥'이라 부르게 되었다. 여기서 말하는 혼밥은 미국 도시에서 만연한 무주택자(Homeless)들의 불규칙적인 급식을 의미하는 것이 아니다. 이는 어쩌다 '왕따'가 되어 홀로 먹는 밥을 뜻한다. 따라서 농경사회의 대가족 제도에서는 존재하지 않던, 오직 핵가족으로 이루어진 대도시에서만 흔히 볼 수 있는 취식 현상이라 할 수 있다. 한국에서는 독거(獨居)노인들에게 정부 기관에서 음식 배달을 지원한다고 한다. 하지만 급식이 제공되더라도 함께 나누어 먹을 말동무가 없기에, 결국 혼자 식사할 수밖에 없다. 인생이란 나이가 들면서 자의든 타의든 점점 고립(孤立)되는 신세가 된다. 평생을 함께한 부부도 한쪽이 세상을 떠나면, 쉽게 독거노인이 되고 만다.

고립현상의 첫 징조는 매해 전해오던 친구친지로부터의 크리스마스카드나 신년연하장의 수가 서서히 줄어드는데 있다. 아침저녁으로 울리던 전화 소리가 조용해 지다보면, 언제부터는 전화가 올 곳도 할 곳도 없게 된다. 이 모두가 나이가 들면서 떠나가는 친지들에 비해 새로운 인연(因緣)을 못 만드는 탓이기도 하다. 또 다른 이유가 있다면 젊은 날에 지녔던 인생의 매력과 향기 모두를 잃은 탓이 아닌가 싶다. 그 향기나 매력은 늙으면 세상의 무엇으로도 대신할 수가 없는 힘이다. 그래서 언제 어디서나 쉽게 늙은이로 구별을 당하게 된다. 특히 이것은 핵가족들로 구성된 대도시에서 흔히 경험할 수 있는 현상이다.

한국에서는 교회의 크고 작은 모임에서도 남녀로 나누어지며, 때로는 유치부 어린이, 청년, 장년, 그리고 노년층으로 구분되어 교회 활동을 한다. 우리 부부가 출석하는 미국 북가주(Northern California)의 작은 도시에 있는 한인 마을 교회에서도 예배 후 친교실(식당)에서는 자연스럽게 남녀별, 나이별로 끼리끼리의 식탁이 만들어진다. 친교실 남쪽에 위치한 남성 노인들의 큰 테이블도 세월이 흐르면서 그 수가 점차 줄어들었고, 지난해부터는 가끔 나 홀로 혼밥을 하게 되는 처지가 되었다(사진 1-3). 마치 고아의 눈물 젖은 밥처럼, 혼밥을 할 때 목이 메는 순간이 종종 있다. 홀로 된 심정은 직접 경험하지 않고는 이해하기 어려운 것이라 한다. 어쩌면 혼밥은, 결국 홀로 떠나야만 하는 우리 인생의 마지막 여행을 준비하게 하는 창조주의 섭리가 아닐까 하는 생각이 든다.

[사진 1-3] 북가주 나파교회의 친교실 노인식탁

🌸 모년의 마감

다음은 라스베이거스(Las Vegas)에 사는 옛 친구가 2021년 11월 초, 나의 90세 생일을 맞아 보내온 글로, 한 영국 여성이 노화의 서글픈 과정을 감동적으로 그린 짧은 사연이다. 그녀가 양로원에서 세상을 떠난 후, 그녀를 돌보아 준 간호사들에 의해 발견된 사연이지만, 우리 모두의 이야기와도 같지 않을까 생각된다.

"간호사님들! 무엇을 보시나요? 댁들이 저를 볼 때 무슨 생각을 하시나요? 현명하지도 않고, 변덕스러운 성질과 초점 없는 눈을 가진, 투정부리는 늙은 할머니로? 왜 이렇게 음식을 질질 흘리고, 왜 이렇게 대답을 빨리하지 못하느냐고 큰 소리로 말할 때면, 저는 정말 댁들이 좀 더 노력하기를 바랐답니다! 댁들이 하는 일도 알아차리지 못하는 것처럼 보이고, 스타킹이나 신발 한 짝을 항상 잃어버리는 늙은 할머니로? 저항을 하든 말든 목욕을 시키고, 음식을 먹이며, 하루 종일 댁들이 하는 일을 그대로 하게 내버려 두는 늙은 할머니로? 댁들은 저를 그런 식으로 생각하시나요? 댁들은 저를 그런 식으로 보시나요?

간호사님들! 그렇다면 이제 눈을 뜨고, 그런 식으로 절 보지 말아 주십시오. 이 자리에 꼼짝하지 않고 앉아 있으면서, 댁의 지시대로 행동하고 댁의 의지대로 먹고 있는 제가 누구인지 말하겠습니다! 제가 열 살 어린아이였을 땐, 사랑하는 아버지와 어머니가 있었고 형제들과 자매들도 있었답니다. 열여섯 꿈 많은 소녀였을 땐, 발에 날개를 달고 이제 곧 사랑할 사람을 만나러 다녔답니다. 스무 살 땐 신부가 되어, 평생 지키기로 약속한 결혼 서약을 떠올리며 가슴이 고동쳤었답니다! 스물다섯 살이 되었을 땐, 안아 주고 감싸 주는 행복한 가정을 필요로 하는 어린 자녀들이 생겨났답니다. 서른 살 여자가 되었을 땐, 어리기만 했던 자녀들이 급속히 성장하여 서로 오래도록 지속될 관계가 맺어졌답니다. 마흔 살이 되었을 땐, 어리기만 했던 아들들과 딸들이 성장하여 집을 떠나게 되었지만, 남편이 곁에 있어서 슬프지 않았습니다. 쉰 살이 되었을 땐, 다시 한 번 손주들이 제 무릎 주위에서 노는 걸 보며, 우리는 다시 한 번 자녀들과 손주들, 그리고 사랑하는 남편과 저 자신을 알아갔답니다.

그러나 마침내 어두운 날이 찾아와 남편이 세상을 떠나면서, 앞으로의 삶을 생각하니 두려운 마음에 몸이 오싹해졌답니다. 자녀들이 모두 자신의 자녀들을 키우는 모습을 보며, 저는 제가 알고 있던 지난날들과 사랑을 떠올려 보았답니다. 저는 이제 할머니가 되었는데, 참으로 우습게도 늙은이를 바보처럼 보이게 만드는 세상을 보면서, 세월은 참으로 잔인한 것 같습니다. 몸은 망가지고, 우아함과 활기는 떠나 버렸으며, 한때는 마음이었던 곳이 이제는 무딘 돌이 되어 버렸답니다. 이제 시체와도 같은 이 늙은이의 속에는 아직도 소녀 같은 마음이 살아 있어, 때론 다 망가진 이 가슴이 부풀어 오르는 때가 있답니다. 너무 짧고 너무 빨리 지나가 버린 지난날들을 떠올리며, 영원한 것은 아무것도 없다는 엄연한 현실을 받아들이기로 했답니다. 즐거웠던 일들을 기억해 보기도 하고, 고통스러웠던 일들을 떠올리기도 하면서, 저는 지금 다시 한 번 삶을 사랑하며 살아가고 있답니다. 이제 여러분들이여, 눈을 떠 보십시오! 투정부리는 늙은 할머니로 보지 말고, 좀 더 자세히 저를 봐 주십시오."

항노화(抗老化, Anti-Aging)

 노화방지

　노화에 대항(對抗)하여 진전을 못하게 하거나 지연(Delay)시키고자하는 노력은, 늙지 않고(不老) 오래 오래 살고(不死)싶은 터무니없는 인간의 욕망이며 도전이라 하겠다. 그 노력으로 오늘의 우리들은 비교적 건강하고 행복하게 잘 늙어(Well Aging)가면서, 무병장수(無病長壽)라는 지대한 꿈을 꾸면서 어느덧 100세 시대를 바라보게 되었다.

　인간의 불노불사의 야망은 어제 오늘의 일이 아니다. 옛날로 거슬러 올라간다면, 만리장성을 건축하면서 중국을 통일한 진시왕(BC 230-209)은 전국의 남녀 젊은이들을 동원하여 불로초(不老草)를 찾으러 산과 들을 찾아다니게 했다는 기록도 있다. 지구상에 존재하지도 않은 불로초나 불사초(不死草)를 찾아다니게 한 진시황제 시절보다 천년이나 더 먼 옛날(BC 1,300년경)에, 오늘의 과학이 추구하는 노화방지와 유사한 생활풍습이 애굽의 노예생활에서 탈출한 이스라엘 백성들에게도 있었던 것 같다. 기독교의 구약성서에 따르면 그들의 거룩한 생활을 위하여 정결과 음식에 대한 구체적이고 자세한 규례들이 있었다(레 11: 1-47). 무엇을 먹어야하고 먹어서는 안 된다는 그 식이(食餌)품목들은 오늘의 도시인들까지도 준수하고 있는 지침들이다.

인간의 염원(念願)인 장수(Longevity)와 회춘(Rejuvenation)을 위한 인간의 노력은 문헌에 기록된 것만도 다양하며 무궁무진 하다(Wikipedia, timeline for aging research). 다음은 그중 획기적인 사례 몇을 시대별로 열거해 본다.

주전 350: 그리스의 철학자(Aristotle)는 인간도 다른 포유동물처럼 따뜻하고 습기를 지닌 체질이므로 그 환경을 유지하는 것을 제안했다.

1550: 이태리의 작가(Luici Cornaro)가 최초로 출판한 장수를 위한 저서 (The Art of Living)는 여러 나라의 언어로 번역되었다. 영어로 번역된 그의 저서는 19세기에 이르러 영국에서 50번이나 재판되었다고 한다.

1889: 불란서 의사(Charles E. Brown-Sequard)는 최초로 호르몬요법 (Hormone replacement therapy)을 동물에 시도.

1903: 소련 동물학자(Llya Mechnikov)가 노인학(Gerontology)을 제안.

1926: 회춘(回春)을 목적으로 수혈(blood transfusion) 실험.

1930: 회춘을 위한 세포주입(cell injections)실험. 실험 대상자 중에는 저명한 인사(Winston Churchill, Charles de Gaulle, Pope Pius XII)들도 있다.

1936: 유럽 최초로 학회지(Journal of International Study and Combat Aging) 발간.

1938: 우크라이나의 수도 키에프(Kiev)에서 세계 최초의 과학자 회의.

1939: 영국에 최초로 노후연구에 관한 연구학회(British Society for Research on Ageing) 창립. 그 학회의 연차회의는 계속되어 67회(2017)에 달했다.

1945: 미국 노인학회(Gerontological Society of America)의 시작.

고령자들에게 치병(治病)문제가 되는 변비(便祕)나 불면증 등을 노인병(Geriatrics)으로 분별했다는 사례들은 중세기 아랍사회에 있었다고는 하나, 항노화의학(Anti-aging Medicine)이 의학계의 새로운 분야로 시작된 것은 1945년에 발족한 미국노인학학회와 1947년 영국노인병학회(British Society of Geriatrics)가 창설된 후라고 한다(www.bgs.org).

 장수를 위한 조직체

1974년 미국정부에 노후문제의 연구와 보조를 전담하는 새로운 기관(National Institute on Aging(NIA)이 신설됨으로서 세계적으로 과학자들에게 새로운 활력소가 되었다. 얼마나 신뢰할 만한 숫자인지는 알 수 없어도 한 국제적인 비영리기관(International Ageing Research Portfolio, IARP)의 집계에 따르면 세계적으로 진행 중인 항노화를 위한 수많은 연구프로젝트에 종사하는 전문가들만도 8,743명에 이른다고 한다((www.agingportfolio.org.). 항노화 연구가 가장 활발한 미국의 경우, 현재 진행 중인 연구프로젝트의 수는 세계전체의 약 62%로, 이에 투입된 연구비는 1,362억 불이다. IARP집계에는 세계 여러 나라에서 노화연구가 진행되고 있는데, 중국의 경우 총 580만 불이 51 연구프로젝트에 투입되었다고 한다.

이렇게 세계적으로 확산된 항노화에 대한 연구는 마침내 1990년 미국에 '장수의학'(Longevity Medicine)이라는 새로운 학문이 의학계에 돌출하게 이르렀다. 다양하고 무수하게 발표된 노화와 항노화에 관한 학설 중, 노화 원인에 관한 학설에는 호르몬 분비 감소, 노폐물 축적, 유전자 장해 등 많은 학설이 존재한다. 치료수단에도 항산화요법, 호르몬 보충, 면역 강화, 체력/활력 증가, 체지방 감소, 면역력 강화, 콜레스테롤의 수치, 피부 윤택, 수면, 한약제(漢藥濟) 그리고 영양소(Calories)조절 등등이 있다.

이렇게 장수의학이 성장하면서 미국을 위시한 유럽나라들에서는 항노화의학(Anti-aging Medicine)을 전문 분야로 다루는 항가령전문의(抗加齡專門醫) 제도가 실시되어 있다. 1997년에는 뉴욕에 '항가령의학연합(Anti-Aging Medicine Associates)'이 설립되었고, 4년 후(2001) 일본과 유럽에서도 유사한 연합회(抗加齡醫學會)가 발족했다. 이 연합회의 회원 즉 항가령지도사 중에는 전문의 외에도 간호사, 약사, 영양사, 임상검사기사, 운동요법사 등도 포함되어 있다고 한다.

평균수명(Lifespan)

인간의 염원인 노화방지와 지연에 대한 노력은, 위에서와 같이 18세기의 산업혁명을 계기로 끊임없이 성장 발전하는 과학기술과 더불어 인간의 평균수명(Lifespan)을 점차로 늘어나게 하고 있다. UN의 한 집계(표 3.1)에 따르면 오늘날의 세계적인 평균수명(72-76세)은 고대 로마시대(주전 8세기)의 조상(20-33세)들에 비해 3배정도가 증가한 듯하다(UN World Population Prospects, 2019). 지난 100년(1,900-2,000)간의 증가는 놀랍게도 45세에서 75세로, 세계 평균수명은 약 30세가 증가한 셈이다.

세대별	평균수명(년)
주전 8세기 로마시대	20-33
중세. 6-10세기	30-35
18세기 미 대륙	28
1900년 세계평균	31-32
1950년 세계평균	45.7-48.0
2019-20년 세계평균	72.6-73.2

[표 3-1] 세대별 평균 수명(년)

나라별 1950년대의 평균수명은 산업화된 국가 경제지수에 따라서 큰 차이가 있었으나 지난 60년 그 차이는 점차로 좁아져, 2,000년대에 이르러서는 북한을 제외하고는 불가 5-6년에 불과하다(표3.2). 특히 1950년부터 3년간 전쟁을 치른 한국과 미국 간의 평균수명의 차이가 그런 것 같다.

년도별	한국	북한	중국	일본	미국
1950-55	47.92	37.60	43.83	62.80	68.71
1960-65	54.83	51.63	44.55	67.16	70.10
1970-75	63.09	61.73	61.67	73.28	71.42
1980-85	67.38	67.00	67.75	77.01	74.38
1990-95	72.85	70.02	69.67	79.42	75.65
2000-05	77.17	68.06	73.11	81.80	77.18
2010-15	79.47	70.79	75.67	83.28	78.88

* UN Population Division(2019)

[표 3-2] 국가별 평균 수명(년)

평균수명이 증가하는 탓으로 나라마다 고령인구(Aged population)도 따라서 함께 증가하고 있다(표 3.3). 그 결과 증가하는 노인에 관련된 온갖 문제들이 나라마다 정치경제 뿐만이 아니라 사회문제로도 대두되고 있다. 더욱이 일본과 한국과 같은 저출산 국가들의 65세 이상의 고령인구는, 개발도상국가인 북한이나 동부 아프리카(Tanzania)의 나라에 비하여 현저한 차이가 있어 보인다.

나라	0-14세	15-64세	65세 이상
한국	11.30	69.40	19.30
일본	12.30	58.49	29.22
미국	17.75	63.52	18.73
중국	16.48	69.40	14.11
북한	20.24	69.16	10.60
탄자니아	41.50	55.15	3.35

* World Factbook, 2023)

[표 3-3] 연도별 인구(%)

1969년 UN에서는 이렇게 증가하는 고령인구로 인해 야기되는 다양한 노인인구문제에 대한 국제적인 대책을 마련하기 위하여 144개국으로 구성된 새로운 기금(UN Fund for Population Activities)을 조성했다(www.unfpa.org). 이를 계기로 회원국들에서도 정부마다 전에 없었던 새로운 시책들을 강구하게 되었는데, 미국의 경우 국립보건원(National Institute of Health, NIH)에는 위에서 말한 새로운 부서인 NIA가 1974년에 신설되었다. 1981년에는 비영리기관으로서 노화연구, 특히 생의학연구를 보조하기 위한 범국가적인 미국연맹(American Federation for Aging Research)이 탄생했다. 2012년에는 국제기구로서 세계보건기구(WHO)가 노화문제에 관한 새로운 프로그램(Aging and Life Course Program)을 창설했다(www.who.int).

 항노화의학(Anti-aging Medicine)

노화가 수반하는 특수적인 노환(老患)을 치료하는 새로운 의학 분야인 항노화의약(抗老化醫學)의 목적은, 생활의 질을 향상시켜 수명을 연장시키는 의미에서 보면 장수의학(Longevity Medicine)이기도 하다. 이 새로운 의학 분야에서 그간 많은 노화 원인에 관한 학설이 발표되었는데, 그 중에서 항산화요법, 호르몬 보충요법, 면역강화요법 등이 현재 가장 많은 주목을 받고 있다.

항노화의학의 성장과 더불어 선진국들에서는 항노화의학을 전문분야로 다루는 항노화전문의(專門醫)제도가 실시되었다. 미국에서는 이 항노화분야에 종사하는 의사를 위시한 각종 전문직 요법사, 간호사, 영양사, 약사, 임상검사, 요양원 등을 위한 협의회(American Aging Association)가 1970년에 발족되었다. 그리고 1993년에는 항노화의학을 권장하기 위해 비영리기관으로서 일명 A4M(American Academy of Anti-Aging Medicine)이라고도 불리는 항노화의학 아카데미가 발족했다(Binstock, 2003). A4M에서 발급한 면허(항노화전문의의)는 2013년의 경우 120개국에 26,000명에 달한다고 한다.

노인학(老人學, Gerontology)

일명 노년학(老年學)이라고도 불리는 노인학은 노화과정에서 알게 모르게 발생하는 몸과 마음(身心)의 변화, 그리고 노령인(Aged people)들의 생활전반에 관하여 연구하는 새로운 학문이다. 노인학이라는 새로운 학문을 최초로 제안한 과학자는 유대인 출신 소련의 동물학자(Llya Llyich Medhnikor, 1845-1916)였다고 한다.

노년학은 단순히 고령자의 질병 및 진료문제만이 아니고 노화와 관련된 전반적인 사회 및 문화적인 문제점들을 포함하여 생물학적인 변화와 기억력이나 심리학적인 변질에 대한 연구와 훈련까지를 총괄하는 학문으로 알려져 있다. 따라서 노년학의 전문가란 항노화의 연구자들을 위시하여 고령자 및 고령인구문제와 연관된 범죄학, 사회학, 물리치료, 심리학, 정치경제학의 학자들까지도 포함되어 있음은 물론 고령자들을 위한 주거환경, 주택설계, 양노원의 전문 관리인들까지를 말한다.

노년학은 증가하는 고령인구의 노인문제를 종합적으로 연구하며 대책을 마련하는 학문으로 서서히 발전해왔다. 1945년 최초로 발족한 미국 노년학협회(Gerontological Society of America)의 뒤를 이어, 1950년에는 벨기에(Belgium)에 결성한 국제노인학과 노인병협회(Inter. Association of Gerontology and Geriatrics, IAGG)는 현재 72개국의 84개 학회(Society)에 등록된 5만여 명의 회원으로 구성되어 있다고 한다(www.iagg.org).

IAGG에 의해 통로가 열린 노인학 분야의 전문지식인들의 국제적인 학문적 교류는 1970년에 발족한 미국 노화협회(America Aging Association)로 인해 더 활발해지고 있다. 그들이 주기적으로 발간하는 학회지(Journal)만도 10여개

---

* Binstock, Robert H. 2003. The War on Anti-Aging Medicine. Gerontologist 43(1):4-14.

가 된다. 이중에는 고령자의 간호, 노년사회학, 공중위생, 영양식이 분야도 있다 (Hooyman and Kiyak, 2011). 이렇게 고령인구의 증가와 더불어 노년학이라는 학문의 필요성이 사회적으로 높아지면서, 드디어 미국 캘리포니아 주립대학(University of Southern California in Los Angeles, USC)에서는 1975년 최초로 노년학이라는 독립된 학과가 신설되어 학사, 석사 그리고 박사과정의 인재를 배출하게 되었다(Haley and Zelinski, 2007).

한국의 장수 시책

한국도 다른 산업사회 국가들처럼 고령화 문제에 대하여 범국민적 관심이 높아지고 있으나, 아직 미국이나 다른 선진국들에서와 같은 노년학이나 항노화를 위한 특별한 연구기관이나 인재양성을 위한 정부시책은 없는 듯하다. 있다면 1982년 5월 8일에 세계 최초로 제정한 노인헌장(憲章)이라는 시민(市民)헌장이 있을 뿐이다. 헌장 전문에는 노인의 위치, 산업사회 속에서 노인이 처한 상황, 선(先)가정 후(後)사회의 노인대책, 노인의 책임 등을 천명하고 있다. 인간은 늙어서도 인간답게 살기위해서는 본인의 노력과 더불어 사회와 국가의 뒷받침이 있어야 한다는 반(半)강제조항이 있다.

그리고 1997년에는 노인복지법이라는 법률이 제정되었다. 얼마나 항노화연구를 하고 있는지 정확히 알 수는 없으나, 한국이라는 산업사회에서도 건강한 노후생활과 장수에 대한 염원은 세계 사람들과 다를 바가 없는가 싶다. 오히려 더 극심할지 모른다. 해외에서 근무하는 1970-80년대 나는 태국에서는 독사(毒蛇) 코브라의 피, 그리고 중국에서는 살아있는 곰으로부터 색출한 쓸개 피를 사 마시려고 줄을 서 있는 한국 관광객들의 모습들을 수차례나 목격한 바 있다.

---

* Haley, William E. and Elizabeth Zelinski. 2007. Progress and challenges in graduate education in gerontology: The U.S. experience. Gerontology & Geriatrics Education. 27 (3): 11-26.
* Hooyman, N. R. and H. A Kiyak. 2011. Social gerontology: A multidisciplinary perspective (9th ed.). Boston: Pearson Education.

언제부터인가 한국의 국영 TV방송(KBS)은 '생로병사의 비밀'이라는 프로그램을 시작하여, 지난 10여 년간 국내외의 노화방지와 장수비법의 실례들을 주기적으로 방송하고 있다. 내가 흥미 있게 청취한 KBS 프로그램 중에는 1899년에 출생한 121세 이화례 장수 할머니의 식이(Dietary) 습관(채식과 소식)과 '걷기운동'도 있었다.

한국에는 그 KBS 프로그램 외에도 생기와 활력 있는 항노화와 노후생활에 관한 공교육(Public Education)을 하는 수많은 유튜브(YouTube) 방송들이 있다. 이 방송들은 국내외의 항노화 현역전문의 자신들이 경험과 체험을 통한 각종의 불노와 장수비법들로 되어있는 듯하다. 그 중에는 '면역력을 높이는 13가지 방법'과 '일상생활에서 근육 늘리는 3가지 원칙' 그리고 '아침식사에 계란 하나만 먹으면 보약보다 낫다'는 방송도 있었다.

이와 같이 연이은 전문가들의 방송에 더하여 한국에서의 항노화에 대한 지식은 유튜브 방송을 통한 세계적인 저명도서들의 소개도 계속되고 있다. 장수건강에 관한 전문도서를 소개하면서 읽어주는 방송은 내가 아는 것만 해도 넷(책한민국, 책추남TV, 강의힐링캠핑TV, 책읽는 책도리)이나 된다. 그 중 '책읽는 책도리'는 50여권의 항노화에 관한 책들을 소개했는데, 그 중에는 101세의 일본인 현역의사(다나가 요시오)가 저술하고 한국경제신문사가 번역하고 출판한 '101세 장수자의 45가지 생활습관', '몸이 젊어지는 기술'과 '125세 건강 장수법'도 있었다.

3

고령화 사회(Aging Society)

 고령화(高齡化)

　한 사회나 국가의 인구 구성에 있어서 노년 인구(65세 이상)의 비율이 높아지는 현상을 고령화라고 한다. 일반적으로 연령별 인구 구성은 크게 유소년층(14세 미만), 청장년층(15-64세), 노년층(65세 이상)으로 분류하는데, 이 중 노년층(Senior)의 비율이 7% 이상으로 높아진 사회현상을 고령화 사회라고 부른다. UN에서는 고령화 사회를 셋으로 구분하여, 65세 이상 인구가 총인구를 차지하는 비율이 7%이상인 국가를 고령화 사회(Aging Society), 14-19%인 경우를 고령 사회(Aged Society) 그리고 20% 이상을 초고령 사회(Post-Aged Society)라고 한다.

　고령화는 문자 그대로 사람들의 평균수명이 높아가는 사회현상으로, 대체로 근대화(近代化)를 통해 산업이 발전하고 생활수준이 올라가면서 이전에 비해 수명이 길어지는 결과로 나타난다. 고령화는 보편적으로 산업화된 선진국들을 시작으로 발생하는 세계적인 현상이 되어가고 있다. 한국은 2000년대 이미 고령화 사회로 진입하여 2015년에는 전체인구의 13.1%에 이르렀으며, 2025년에는 20%에 도달하게 되어 초고령화 사회가 형성될 것으로 한국 통계청은 추정하고 있다(www.kosis.kr). 그리고 2067년에는 65세 이상의 고령인구가 46.5%에 달하여 청장년층의 노동인구를 초과할 것이라고 예측했다. 이렇게 고령인구가 증가하면 한국은 2045년부터 세계에서 가장 높은 고령화 사회를 이룰 것이라고 한다.

고령화 시대를 만드는 첫째 요인은 낮아지는 출생률(Birth Rate)에 있다. 산업화 및 경제성장이 유난히 빠른 한국은 1980년대까지만 해도 인구증가를 억제하기 위하여 출산율(出産率)을 낮추려는 국가적으로 가족계획 시책이 있었으나 언제부터인가는 그 출산율이 낮아지기 시작하여, 2018년에는 세계적인 저출산(低出産)국가가 되었다는 영국의 주간지 이코노미스트(2018. 6. 30.)의 기사가 있었다. 저출산은 결과적으로 유소년 층의 직접적인 인구감소의 원인이 되어 점차적으로 청장년층의 감소를 가져오게 됨으로서, 상대적으로 더 빠른 고령화가 발생하게 된다.

저출산(低出産)

저출산이란 사회 전반적으로 아이를 적게 낳아 출산율이 감소하는 현상으로, 합계 출산율(Total Fertility Rate)을 지표로 사용한다. 이는 한 명의 여성이 가임신(姙娠)기간(15-49세)에 출산할 평균 자녀의 숫자이다. 한 나라의 인구현상 유지가 가능한 출산율은 가임 여성 당 2.1명으로 알려져 있다.

한국에는 한때 가족계획이라는 출산 억제운동이 있었다. 1960-70년대는 '둘만 낳아 잘 기르자'에서 1980년대는 '하나만 낳아 잘 기르자' 그리고 '아들 딸 구별 말자'는 시민의식운동이 차차로 변했다. 그리하여 1960년의 가임여성 당 출산율은 6.0명은 1970년에는 4.5 그리고 1990년에는 1.59명으로 감소되었다. 1983년 이후 인구 현상유지 가능출산율(2.1)미만으로 하락하자 정부는 2000년대부터는 출산율을 증진시키기 위한 노력을 시작하였음에도 불구하고 한국의 출산율은 점차 하락하여 2018년에는 1.0 미만에 달했다.

표 3.1의 지표로서 본다면(www.doopedia.co.kr) 한국의 저출산은 1983년부터 시작되지 않았나 싶다. 한 나라에 저출산이 지속되면 경제 활동 인구가 감소하게 됨으로 경제 성장이 둔화되는데 더하여 고령화에 따른 노년층의 부양 부담이 상승하게 되는 심각한 문제들을 초래한다. 한국사회에 알려진 저출산의 원인으로는 가족의 기능 및 형태의 변화, 자녀 양육에 소요되는 교육비 상승, 이혼율의 증가, 고용 불안정의 심화로 결혼 연기와 출산 기피문화의 확산 등이라고 한다.

1970년	4.53명
1975년	3.43명
1983년	2.06명
1987년	1.53명
2001년	1.31명
2005년	1.09명
2010년	1.23명
2015년	1.24명
2018년	0.98명

[표 3-1] 가임 여성 당 출산율(명)

저출산을 야기하는 많은 원인 중에는 높아지는 초혼 연령(初婚年齡)도 관여하고 있는 것 같다. 남자의 초혼 연령의 경우 1970년 27.1세에서 1990년에는 27.8세, 2000년에는 29.3세 2010년에는 31.8세 그리고 2020년에는 33.2세로 높아져 갔다. 같은 기간 여성의 초혼 연령은 1970년의 23.3세에서 24.8세, 26.5세, 28.9세 30.8세로 거의 같은 비율로 높아진 셈이다. 인구 1,000명 당 혼인 건수를 표시하는 '조혼인율'도 민감한 저출산의 척도가 된다. 1980년의 한국의 조혼인율은 10.6이었으나 점차로 감소하여 2000년에는 7.0 그리고 2020년에는 4.2에 달했다.

평균여명(平均餘命)

고령화 시대의 둘째 요인은 사망률이 낮아지면서 길어지는 수명(Longevity)에 기인된다. 인간의 장수(長壽) 수명은 제2장에서 언급한바와 같이 항노화(Anti-aging)를 위한 다양한 인간의 노력도 있겠지만 경제성장에 따라 개선되는 생활환경과 의료시설에도 있다고 한다. 특히 저출산율에 더하여 항생물질(Antibiotics)이 등장함에 따라 유아(幼兒) 사망률과 결핵에 의한 청년층의 사망률이 현저하게 낮아진 것이 큰 이유라고 한다.

한 나라의 국민들이 얼마나 오래 살 수 있을까 하는 평균수명(平均壽命) 혹은 평균여명(Life Expectancy)은 세계적으로 통용되고 있는 지표이다. 또한 이 지표는 국민의 복지와 건강상태와 한 사회의 공중위생의 정도를 인식하는데 가장 중요한 수치라고도 한다. 이 수치는 각 나라에서 조사하는 인구조사와 그해의 연령별 사망자수를 기초로 해서 산출한 연령별 사망률이 변하지 않은 가정(假定)하에서 평균여명을 계산하게 된다. WHO의 통계 자료에 따르면 세계의 2016년 평균수명은 여성이 74.2년에 비해 남성은 69.8세였다. 2016년의 남녀를 합한 전체 평균수명은 72세로 2000년에 비해 5.5년이 연장되었다.

년도	남성	여성
1975	60.3	68.2
1985	64.6	73.2
1995	69.7	77.9
2005	74.9	85.2
2015	79.0	85.2
2025	81.6	87.0
2035	83.7	88.5
2045	85.5	89.7
2055	87.1	90.7
2065	88.4	91.6

* 통계청 인구통계(www.doopedia.co.kr).

[표 3-2] 한국 남녀 평균수명 추세(년)

1950년대 초 한국인의 평균수명은 겨우 42세(남 37세, 여성 47세)였으나 언제부터는 세계적인 상승추세를 앞서서, 어느덧 세계적으로 15번째의 장수국가에 이르게 되었다. 1917년 이후 한국의 남녀 평균수명은 영국과 OECD 회원국의 평균수명을 앞서고 있다고 한다(www. ourworld data.org). 한국 통계청에서 추산한 '장래인구추세'(www.doopedia.co.kr)에 따르면 2025년에 예측되는 한국인 남녀 평균여명은 각각 81.6세와 87.0세로, 반세기 전인 1975년에 비해 남성은 21.3세 그리고 여성은 18.8년이 증가한 셈이다(표 3.2). 남녀별 노년층 인구는 전국적으로 그리고 서울과 같은 큰 도시에서는 여성의 비율이 높지만, 농촌에서는 여성이 반대로 낮다는 한 전문가 조사연구가 있다.

　위에서와 같이 평균수명이 길어지는 추세는 장수라는 의미로서 인간의 소망이지만, 고령에 따르는 노환(老患)과 경제적 부담을 포함한 노후준비와 국가적인 사회경제적 대책이 불가피하다고 아우성을 피운다.

 한국의 국가시책

　심각한 저출산(표 3.1)과 급속한 고령화(표 3.2)로 인한 미래의 사회·경제적 변화에 대한 대비와 국가 경쟁력 확보 대책의 하나로 한국정부는 2004년 2월 9일 대통령 자문기관으로 '저출산고령사회위원회'([底出産高齡社會委員會])를 출범하였다. 여러 인구구조 분석과 사회경제의 변화 그리고 저출산에 대비하는 여성보육을 위한 연구심의를 걸쳐 다양한 정부시책을 수립시행하고 있다(www.doo-pedia.co.kr).

　1) 저출산고령사회 위원회: 상기의 목적을 위해 위원회의 위원은 위원장을 포함하여 정부직원 10명과 민간의원 15명으로 모두 25명으로 구성되어있다. 이외에도 자문위원 26명과 전문위원이 있다. 아래에 열거한 주요업무를 수행하기 위해 전문위원회와 실무팀이 각각 셋이 구성되어있다.

(1) 중장기(中長期) 인구 구조 분석;
(2) 사회 및 경제 변화 예측;
(3) 저출산과 고령화에 따르는 사회대책에 관한 정책방향의 설정;
(4) 고령자의 노후소득을 포함한 정책수립;
(5) 저출산에 대응한 정부시책 수립;
(6) 인력 수급에 관한 심의;
(7) 고령자 및 여성의 경제활동과 인적자원의 활용 심의;

2) 노인복지: 한국에는 특유하게 노인의 보건과 복지를 위한 '노인복지법'(1997년 8월 22일)이 법률 제 5359호로 공포되어 있다. 이 법에 따라 1982년에 공포한 '노인헌장'(老人憲章)이 더 빛을 보게 되었을 뿐만 아니라, 노인의 날(10월 2일), 경로의 달(10월) 그리고 어버이날(5월 8일)이 제정됨으로서 한국의 경노사상(敬老思想)이 인성교육의 한 몫을 차지하게 되었다. 노인복지법에 의하여 다양한 노인복지시설(老人福祉施設)이 설치하게 되었는데 열거하면 다음과 같다.

(1) 양로시설: 노인 요양시설, 실비 양로시설;
(2) 노인복지회관: 상담, 건강증진, 교양 및 오락;
(3) 실비 노인 복지주택;

3) 실버산업(silver industry): 실버산업이란 노년층을 대상으로 하는 상품 및 서비스를 제공하는 국가가 권장하는 개인 실버산업을 말한다. 실버산업의 종류에는 미국에서 잘 알려진 홈케어(Home Care) 서비스나 일상생활을 도와주는 노인조력센터(Aging Network Service Center)와 같은 유료사업이 다양하고 많다. 한국에도 정부의 고령자 대책의 일환으로 정부의 위탁 등으로 인해 실버산업의 수요가 급증하리라 믿는다. 민간 기업이 이 분야에 적극적으로 참가하도록 하는 정부의 권장과 지원은 보조금이나 사업자금의 저리융자, 시설부지 확보, 세제상의 혜택, 시설 운영상의 규제완화 등이라고 한다.

제 2 부

노후생활

노후생활은 한 삶을 보람 있게 마무리하라고
창조주가 인간에게만 허락하신 덤의 시간이기에
후세에 미덕으로 남을 갸륵한 무엇인가를 하게 된다.

제 4 장 | 제3의 인생: 노후생활

제 5 장 | 보람찬 노후생활

제 6 장 | 무모하고 허무한 노후생활

제 7 장 | 노후의 유의(有意)사항

제 8 장 | 한국의 노인빈곤

슬기로운 노후준비

제3의 인생: 노후생활

 퇴직 및 은퇴

 연륜이 쌓이며 인생은 어느 순간, 힘차게 살아오던 제2의 인생(청·장년기)의 현업(現業)에서 손을 놓고 물러나야 하는 순간을 맞이하게 된다. 그동안 힘겹게 이어온 생업을 마무리하고(퇴직), 잠시 쉬어가면서 한 생을 정리하라는 의미일지도 모른다. 그리고 그 과정에서 새롭게 시작해야 하는 노후생활이 바로 우리의 제3의 인생이다.

 일반적으로 자영업(Self-employed)자는 고용된 월급쟁이(Employee)들에 비해 현업을 떠나는 데 있어 선택의 폭이 넓다고 알려져 있다. 그러나 결국 어느 경우든, 능력이 부족해서도 아니고 일을 하기 싫어서도 아닌데, 젊은 세대에게 일자리를 내어주는 관례에 따라 물러나야 한다는 점은 같다. 경제활동에서 멀어지게 되면 사회적 위치뿐만 아니라 자신의 인간적 가치까지 상실한 듯한 기분에 상처를 받는 경우도 생긴다. 이때 받아들여야 하는 가치 변화는 크게 두 가지로 나뉜다. 하나는 국가와 사회, 그리고 가족들에게 부담이 되지 않을까 하는 우려이며, 다른 하나는 이들로부터 소외될지도 모른다는 염려이다.

 인생에서 노후생활이란, 그동안 바쁘고 치열하게 살아온 한 생을 정리하며, 마음을 비우고 즐거움을 누리며 세상을 마감하는 준비 기간이 아닐까 싶다. 다 마치지 못한 일, 그리고 하고 싶었던 일들을 부담 없이 더 해볼 수도 있고, 가보고 싶었던 곳을 여행하며 그리운 사람들을 자유롭게 만날 수 있는 시간도 가질 수 있다. 또한, 과거에 은혜를 입은 사람들에게 감사의 마음을 전하고, 피해를 준 사람들에게 용서를 구할 마지막 기회이기도 하다. 이처럼 깨끗하고 홀가분한 마음으로 삶을 정리할 수 있을 때, 비록 내 삶이 미약하게 시작되었을지라도 창대하게 마무리할 수 있다는 기쁨을 누릴 수 있을 것이다.

젊은 날 씩씩하게 경제활동을 하다가 물러나는 과정에는 스스로 선택하는(自意) 퇴직과, 관례에 따라 불가피하게 떠나야 하는(他意) 은퇴(Retirement)가 있다. 여기서 자의(自意)란, 자영업의 기업주나 농경사회의 농부가 기력이 쇠약해져 더 이상 활동을 지속할 수 없을 때 스스로 현업을 떠나는 경우를 의미한다. 반면, 타의(他意)란 선택의 여지없이, 관례에 따라 정해진 시기에 은퇴(隱退)하는 경우를 뜻한다.

정부 기관, 학교를 포함한 공공기관 및 기업체에 고용되어 급료(給料)를 받는 고용인(雇傭人)은 정해진 은퇴 연령이 있다. 내가 은퇴했던 1990년대 초에는 대부분의 경우 은퇴 연령이 60세였으나, 점차 높아져 오늘날(약 30년 후)에는 65세가 되었다. 한국에서는 고용 기관이나 단체에 따라 은퇴 연령이 70세인 경우도 있다.

최근 자주 언급되는 조기 은퇴(早退)란, 고용주의 일방적인 결정으로 인해 정해진 은퇴 연령보다 앞당겨 직장에서 물러나게 되는 경우를 의미한다. 대기업일수록 조기 은퇴 연령이 더욱 낮아지는 경향이 있어, 60세는커녕 50세에 이미 자리를 비워주어야 하는 사례도 늘어나고 있다.

🌸 노후의 즐거움

오늘의 100세 시대에 60-70세에서 현직을 떠나 제3의 인생을 시작하게 되면 노후생활은 최소한 20-30년이 됨으로, 그 기간도 그렇게 짧은 기간은 아닌 듯싶다. 하지만 그 시기는 제1의 인생(유아기)처럼 매순간 누군가의 보호를 받아야 하는 것도 아니고, 길고 긴 학업을 위한 입시 준비 같은 고역도 없다. 또한, 제2의 인생에서 겪었던 생업 전선의 치열한 경쟁이나, 직장 내 '웃어른'의 눈치를 살펴야 하는 부담에서도 벗어나게 된다. 그렇기에 이제는 욕심을 부리며 앞서가려 하거나, 조급하게 말하고 행동할 필요도 없다. 서로 헐뜯거나 시기·질투하는 일도 더 이상 필요 없으니, 이 얼마나 좋은가!

더 이상 급한 업무도, 요란스러운 전화도, 상사의 잔소리도 들을 필요가 없으니, 제3의 인생은 그야말로 평화로운 삶이라 할 수 있다. 알면서도 모르는 척할 수 있고, 묻지 않은 말이나 나와 상관없는 일에 굳이 관여하지 않아도 된다. 잔소리를 하거나 불필요한 말다툼을 할 필요도 없어 더욱 홀가분하다. 무엇보다도, 필요한 사람들에게 지혜롭게 대화를 나누다 보면, 때로는 '멋진 늙은이'라는 말을 듣게 되는 순간도 찾아올 것이다. 이는 제3의 인생이 주는 특별한 선물일지도 모른다.

퇴직 후 많은 사람들이 노후생활을 즐기는 이유 중 하나는, 더 이상 간섭받지 않고 자신이 하고 싶은 일을 자유롭게 선택할 수 있기 때문이다. 하고 싶으면 하고, 하기 싫으면 쉬엄쉬엄 살아도 누구도 이래라저래라 잔소리하지 않는다. 특정한 사명감도, 누구의 간섭도 없이 매일을 보내다가, 일상이 지루해지면 소일거리로 젊은 날 그렇게 원했던 여행을 떠나 새로운 추억을 만들 수도 있다. 그러나 그렇게 지내다가 일부는 서울 파고다공원에 모여드는 도시의 노인들처럼 무의도식하며 '오늘은 무엇을 하며 시간을 보낼까' 하는 고민으로 하루를 시작하는 처지로 전락하기도 한다. 또 어떤 이들은 변화된 삶에 적응하지 못하고 거리의 노숙자로 내몰리기도 한다.

🌸 노후의 걸림돌

전문가들은 제3의 인생에서, 제2의 인생에서는 크게 주목받지 않았던 네 가지 새로운 여건(與件, Intrinsic conditions)이 불행하게도 노후생활의 '걸림돌'이 될 수 있다고 지적한다. 어쩌면 이 장애물들은 인생이 끝나는 날까지 노후의 안녕을 좌우하는 필연적인 과제(Necessity)일지도 모른다.

(1) 돈: 노인답게 생활할 수 있는 고정적인 수입;
(2) 건강: 일상적인 활동을 지탱할 수 있는 배우자의 건강;
(3) 고독감: 주변 사람들이 하나둘 떠나가며 생기는 외로움;
(4) 여가시간: 늘어난 자유 시간을 어떻게 보낼까 하는 문제;

🌸 노후생활의 여러 모습

노후생활은 속절(俗節) 없는 세월이 주는 선물과도 같지만, 동시에 불가피하게 새롭게 시작해야 하는 황혼기의 인생이기도 하다. 젊은 날 얼마나 지혜롭게 준비했느냐에 따라, 남은 삶을 얼마나 보람 있게 마무리할 수 있을지가 결정된다.

예측할 수 없는 노후의 시간이 점점 길어지면서, 이러한 염려는 더욱 깊어진다. 그래서 사람들은 제2의 인생에서 보다 알차게 제3의 인생을 준비해야 한다고 권유한다. 대체적으로 인생 말년의 행복은 젊은 시절을 얼마나 성실하게 살아왔느냐에 따라 결정된다고도 말한다.

내가 지난 34년간 직접 또는 간접적으로 목격한 수많은 노후생활의 모습들을 살펴보면, 대체로 네 부류로 나눌 수 있을 것 같다.

(1) 첫째 부류(혈연관계): 가장 이상적인 노후생활이 있다면, 그것은 아마도 유교(Confucian) 문화가 뿌리내린 농경 사회에서 널리 관용(慣用)되었던, 한국

적인 효성(Filial piety)에 기반한 대가족(Extended family) 제도일 것이다. 특히 농경 사회에서는 조상 대대로 이어온 농업을 중심으로 2~3세대가 함께 생활하므로, 앞서 언급한 노후생활의 '4대 걸림돌'(경제적 문제, 건강, 고독감, 여가 시간)이 크게 문제가 되지 않는다. 나이가 들어 농사일에서 직접 손을 떼더라도, 농가에는 손주들을 돌보는 일 외에도 다양한 허드렛일이 있어 한가할 틈이 없다. 하루 종일 몸을 움직이게 되니 자연스럽게 기력을 유지하는 운동이 되고, 침식을 챙겨주는 아들 부부는 아침저녁으로 부모님의 건강을 세심히 살핀다. 이보다 더 행복한 노후생활이 어디에 있을까?

한국적인 혈연 중심의 노후생활은 비단 농경 사회에서만 가능한 것이 아니다. 도시의 핵가족(Nuclear family) 구조에서도 그러한 모습을 찾아볼 수 있다. 특히 흥미로운 점은, 많은 경우 부모가 노후에 의지하는 자녀가 아들이 아니라, 출가한 딸이라는 점이다. 예를 들어, 나의 장모님께서는 6·25전쟁 당시 남편께서 인민군에 납치되어 행방불명되는 바람에 홀로 두 아들과 두 딸을 키우셨다. 그러나 노후에는 아들 집이 아닌, 맏딸의 가족과 함께 지내시다가 96세의 나이로 세상을 떠나셨다. 그 딸 또한 두 아들과 딸 하나를 두었지만, 남편과 사별한 후 수년간 홀로 지내다가 83세가 되면서 아들 집이 아닌 딸에게 의지하며 노후를 보내고 있다. 이처럼, 시대와 환경이 변해도 여전히 가족 간의 유대와 돌봄은 한국 사회에서 중요한 노후생활의 한 형태로 자리 잡고 있다.

(2) 둘째 부류(연속성): 제2의 인생에서 젊은 날 종사했던 현업을 계속 유지하는 자영업 또는 전문직 종사자의 삶이 노후생활의 둘째 부류에 해당한다. 의사, 세무사, 미용사 등 다양한 전문직 종사자와 문화·예술인은 건강이 허락하는 한, 심지어 양로원(Nursing home)으로 거처를 옮긴 후에도 생산적인 활동을 지속할 수 있다. 이는 가장 이상적인 노후생활의 한 형태가 아닐까 싶다. 다만, 평생 같은 일을 해도 싫증이 나지 않는다는 전제하에서 말이다.

한국의 105세 철학자 김형석(1920~) 교수는 연세대학교에서 교직 생활을 마친 후에도 오히려 더 바쁘게 크고 작은 모임에서 종교·철학 강의를 하며 노후를 보람 있게 보내고 있다. 한 방송국 기자가 장수의 비결을 묻자, 그는 "바쁘게 활동하는 것이 전부"라고 답했다. 또한, 일본의 현역 의사 다니가 요시오는 101세까지 의료 활동을 계속하면서 '45가지 규칙적인 생활'을 바탕으로 한 노후건강 비결을 출판했다. 그의 저서는 한국에서도 번역·출간되어, 많은 노년층에게 건강한 노후생활의 지침이 되고 있다(한국경제신문사 번역 출판).

노후에도 현업을 계속하며 세계적으로 선망받는 '멋진 늙은이' 중 한 사람은 아마도 미국의 투자가 워런 버핏(Warren Buffet, 1932~)일 것이다. 그는 38세에 시작한 투자회사 버크셔 해서웨이(Berkshire Hathaway)를 90세가 넘도록 경영하며, 2021년에는 세계적인 자선가이자 어마어마한 개인 자산을 보유한 세계 10위권 부호로 자리매김했다.

한국에서도 워런 버핏에 비견될 만한 인물들이 있다. 이들은 노후에도 현업을 확장하며 사회와 국가에 기여한 기업가들이다. 그중에서도 1967년 전자 산업을 시작한 삼성그룹의 이병철(1910~1987) 회장은, 은퇴 나이인 72세(1982년)에 반도체 회사를 설립해 오늘날 세계적인 기업으로 성장시켰다. 그가 세상을 떠나기 7년 전에 시작한 이 첨단 사업은 2020년 기준으로 세계 43개국에서 스마트폰 시장 점유율 1위를 기록하며 막대한 성과를 거두었다.

(3) 셋째 부류(엘리트): 이 부류는 제2의 인생에서 자의(自意) 혹은 타의(他意)로 불가피하게 퇴직한 엘리트 월급쟁이들이다. 이들은 대체로 노후자금이 충분한 편이며, 이를 보다 효율적으로 활용하는 방법을 모색하면서 제3의 인생을 즐기는 유형의 사람들이다. 더러는 친인척이 많은 고향을 떠올리며 귀향을 고민하거나 전원생활을 꿈꾸며 공기 좋은 산천을 찾아다닌다. 전반적으로 이들은 장기화되는 제3의 인생을 찬란한 시기로 인식하면서도, 이 기간이 국가와 사회에 보탬이 되는 생산적인 기회라는 점에는 크게 관심을 두지 않는 경우가 많다. 만약 이들이 인생 후반기에 어떤 사회적 기여도 없이 살아간다면, 결국 '금수저'로 태

어나 '호랑이는 죽어서 가죽을 남긴다'는 옛말조차 한 번도 되새겨보지 못한 채 늙어가는 엘리트가 될지도 모른다.

(4) 도전적인 부류: 소극적(Passive)인 엘리트 은퇴자들과는 달리, 제3의 인생을 적극적(Active)이고 야심차게 도전(Challenging)하는 한국의 노인들도 많다. 이 부류는 아마도 제2의 인생에서 자신의 소신(所信)을 마음껏 펼치지 못해 불만이 쌓인 이들일 것이다. 노후준비가 불충분한 상태에서 이러한 불만이 쌓이면, 퇴직금을 활용해 창업을 하거나 부동산 및 주식시장에 투자하는 경우가 있다. 법조계에서 판·검사로 활동했던 이들은 인권 변호사로 활동하다가 정치인들과 인맥을 형성하기도 한다. 마찬가지로, 언론계에서 기자로 일했던 이들은 시사 평론가로 변신하여 유튜브 방송 등을 통해 제3의 인생에 도전하는 경우가 많다. 그러다 공명심(Ambition)에 매료되면 대부분 정계(政界)에 몸을 던져 노후에 명성을 떨쳐 보려는 야망을 품게 된다. 종교계에서도 이러한 사례가 있다. 내가 존경하는 대한예수교장로회 신학교 출신 김진홍 목사는 40여 년간 목회 활동을 마친 뒤, 은퇴 퇴직금 전부를 경기도 동두천 쇠목골의 7만 평에 달하는 돌산을 매입하여 2010년부터 열정적으로 두레자연마을을 일구어 오고 있다(참조 제5장).

한국의 대표적인 제1세대 대기업인으로 널리 알려진 현대그룹의 정주영(1915~2001) 회장도 남다른 열정과 공명심이 높았던 인물이다. 그는 1987년 72세에 퇴임한 후 14여 년 동안 제3의 인생에서 다양한 활동을 펼쳤다. 그 기록들을 열거해 보면, 1) 전국경제인연합회 회장 역임, 2) 1998년의 황우 500필('통일소')의 북송, 3) 금강산 통일 관광사업 추진, 4) 77세에 '통일한국당'을 창설하고 국회의원으로 당선된 후 대통령후보로 출마. 이와 같은 행보는 당시 많은 사람들에게 논란과 관심을 불러일으켰지만, 후대에는 그의 열정과 도전 정신이 귀감이 될 것이다.

(5) 낙오자부류: 불우한 빈곤층은 오늘날 번영하는 한국 사회의 고령 인구 중 상당수를 차지하는데, 이들은 흔히 '낙오자' 부류로 분류된다. 젊은 시절 생업에

대한 열정도, 조심성도 없이 대충 살아온 탓에 노후준비가 제대로 이루어지지 않은 상태로 제3의 인생에 접어든 모습이다. 그래서 이들을 제2의 인생에서 패배하고 낙오한 약자들이라고도 부른다.

이 부류에 속한 이들도 한때는 무엇이든 허용되고 용서되던 대가족제도의 농경사회에서, 누군가의 도움을 받으며 노후생활을 그럭저럭 유지할 수 있었다. 그러나 21세기에 들어서는 각자가 자신의 노후를 스스로 책임져야 하는 시대가 되었다. 따라서 젊은 시절 알뜰하게 완벽한 준비를 해두지 않으면, 행복한 노후를 기대하기 어려운 것이 현실이다. 이는 어린이 동화 개미와 베짱이의 교훈을 통해서도 충분히 설명할 수 있다. 다행히도 정부마다 세금으로 얼마씩 나누어주는 푼돈이 있음으로, 늦게나마 근면(勤勉)과 절제(節制)에 단련되고 익숙해지면 그런대로 생의 마지막 날들을 보낼 수가 있지 않을까 한다. 그러나 이를 위해서는 지금의 겨울이 지나면 따뜻한 봄이 다시 찾아온다는 긍정적인 희망을 품고, 할 수 있는 활동을 찾아 적극적으로 나서야 한다.

그렇지 않고 피동적(Passive)이며 나태한 태도로 서울 파고다공원에 모여드는 일부 노인들처럼, 아무런 의욕도 열정도 없이 무위도식하며 하루하루를 흘려보낸다면, 결국 쓸모없는 늙은이로 낙인찍힐 수밖에 없다. 얼어붙은 땅에서 새싹이 돋아나고 뿌리를 내리듯, 활력을 되찾고 분발하지 않는다면 결국 국가와 사회, 그리고 자식들에게까지 손을 벌리며 부족과 불만 속에서 하루하루를 살아가게 될 것이다. 그 결과, 사회적으로는 품격을 잃은 노인이 되고, 국가적으로는 복지 부담을 가중시키는 존재로 전락하게 된다.

5

보람찬 노후생활

 노후생활과 사회적 기여

　노후생활은 분주하고 힘겨웠던 젊은 날의 생업 전선에서 벗어나 자유를 누리는 시기다. 경제적으로 노후를 준비한 사람이라면 누구나 한 번쯤은 사회와 국가에 보탬이 되는 보람 있는 일을 해보고 싶다는 의욕을 품게 된다. 이는 자신을 길러준 부모님과 사회에 대한 보답이자, 인생을 살아가는 도리(道理)라고 믿기 때문일 것이다. 이러한 갸륵한 마음이 있기에 인간은 그 어떤 존재와도 비교할 수 없는 특별한 가치를 지닌다. "호랑이는 죽어서 가죽을 남긴다"는 속담처럼, 많은 나라에서는 한 삶을 뜻깊게 마무리한 인물들의 이름을 딴 공원과 도로, 동상까지 세워 기리는 경우가 많다. 만약 그러한 명성이 노후에 이룩된다면, 그것만큼 의미 있는 삶이 또 있을까?

　나는 은퇴를 앞두고 고향으로 돌아가 뜻깊고 보람 있는 일을 해보겠다는 꿈에 부풀어 있었다. 하지만 여러 가지 현실적인 이유로 하나하나 뿌리를 내리지 못했고, 결국 아들들이 있는 미국으로 이민 오게 되면서 그 뜻을 이루지 못했다. 그래서인지 나는 여전히, 자신의 노후를 지혜롭고 용감하게 사회와 인류를 위해 보낸 분들을 깊이 존경한다.

만약 내가 다시 노후생활을 시작할 수 있다면, 나는 다음의 몇 분을 나의 스승(Mentor)으로 삼아 배우고 도전해 보고 싶다는 간절한 마음이 있다.

1) 사무엘(Samuel): 사무엘은 기원전 1000년경, 이스라엘의 사사(士師, Judges) 시대를 마감하고 최초로 왕정을 수립한 선지자(Prophet)였다. 내가 성경 속 사무엘을 존경하는 이유는 단순히 그가 사울(Saul)을 이스라엘의 초대 왕으로 세우는(삼상 9:1) 역사적인 업적 때문만이 아니다. 그는 가난한 가정에서 태어났지만, 하나님을 경외하는 어머니의 기도로 반듯하게 성장하여 선지자로 부름받았다. 또한, 백발이 될 때까지 정의롭고 청빈하게 백성을 보살피다가(삼상 12:3), 은퇴 후에는 고향 라마(Ramah)로 돌아가 국가의 미래를 위해 '선지자 학교'를 세워 뜻있는 젊은이들을 양성했다. 이러한 그의 삶을 닮고 싶은 이유는, 그가 단순한 지도자가 아니라 시대를 바꾼 교육자였기 때문이다. 사무엘이 키운 제자들이 있었기에, 그는 나욧(Naioth)의 '아둘람굴'(삼상 22:1)에서 다윗을 사울의 박해로부터 보호할 수 있었다. 청빈하고 권력에 매혹되지 않은 사무엘의 모습은 오늘날에도 귀감이 된다. 요즘 한국에서 흔히 쓰이는 말로 표현하자면, 그는 분명 이스라엘의 '킹 메이커(King Maker)'였던 것이다.

2) 김진홍(1941-): 김진홍 목사는 기독교 가정에서 태어나 성장한 후, 대학에서 철학을 전공하고 대한예수교장로회 신학교에서 신학을 공부한 성직자다. 신학교 재학 중이던 1971년, 그는 빈민가 청계천의 넝마주이들을 위해 활빈교회를 시작했고, 이후 1979년에는 남양만 간척지와 구리에 두레교회를 개척하여 40년간 목회 사역을 이어갔다. 그리고 2010년 그는 은퇴했다.

그가 나의 노후생활의 스승이 되는 이유는 단순히 시종일관 변두리 빈민들의 눈물을 닦아주는 목회와 그 경험을 바탕으로 많은 신앙도서를 집필한 데 있는 것만이 아니다. 그가 우리 모두에게 주는 삶의 교훈은, 바로 70세에 받은 퇴직금 전부를 투자하여 '통일한국의 진지'를 구축하려는 미래지향적인 갸륵한 심성(心性)에 있다. 퇴직금이 얼마였는지 알 수 없지만, 그는 한반도의 남북 중간지점인 경기도 동두천 '쇠목골'에 위치한 7만 평의 돌산을 구입하여, 2010년부터 '두레자연마을'을 조성하고 있다.

그는 분명 "은퇴 후에는 목돈 투자를 하지 말라"는 일반적인 금언을 어긴 셈이다. 하지만 김 목사는 갸륵하고 보람찬 노후를 위해 준비했던 노후자금 전부를 기꺼이 투입한, 보기 드문 노후 개척자였다. 이에 비해, 나 자신은 제3의 인생을 위해 고작 개인적인 노후생활을 목적으로 주말농장을 마련하려 했던 것이 부끄럽게 느껴진다.

김 목사가 70세에 꿈꾸었던 두레자연마을의 개척 정신은 기독교적 기업(基業) 기준인 삼위일체적 요소 – 신앙, 생활, 산업을 기반으로 한다. 그는 공동체 마을에 입주하며 스스로 마음 깊이 새긴 세 가지 목표를 설정했다. (1) 일하면서 늙자 (2) 베풀면서 살자 (3) 행복하게 살자

이렇게 시작된 자연 마을은 지난 10년간 꾸준히 성장하여 현재 30여 가구가 거주하고 있으며, 최근에는 대규모 실버타운을 조성 중이라고 한다. 지난 10년간 쇠목골의 발전과 성장은, 김 목사가 평생을 걸쳐 열정적으로 추구하며 간구(懇求)해온 결과가 아니겠는가! 그의 발걸음과 손길로 이루어진 주요 업적들을 살펴보면 다음과 같다.(www.durenature.co.kr):

(1) 지역사회 발전: 2020년, 두레교회는 건축 문제로 인해 파산 위기에 처해 있던 동두천 신광교회와 통합하여 신광두레교회를 발족했다. 그 결과, 지역사회 속에서 신앙 공동체로 더욱 튼튼하게 자리 잡았으며, 현재는 주일 예배를 1부와 2부로 나눌 정도로 성장했다.

(2) 두레교회: 김 목사의 기업(基業)인 전도 사명(설교)은 은퇴 전과 다름없다. 오히려 83세에 접어든 2024년 현재, 그의 전도 일정은 더욱 분주해진 듯하다. 우리 부부가 조석으로 유튜브를 통해 청취하는 설교만 해도 상당하다. 주일에는 신광두레교회의 2부 예배를 인도하고, 오후에는 해외 25개국 1,000

여 명의 성도를 대상으로 온라인 방송 설교를 진행한다. 주중에도 하루 세 차례(새벽, 오전, 저녁) 예배 중 두 번의 설교를 맡고 있다. 또한, 2021년 여름부터 시작한 '창세기에서 계시록까지'라는 주제의 성경 강해를 지속적으로 이어가며, 두레아카데미의 채플 설교뿐만 아니라 외부 초청 설교도 꾸준히 진행하고 있다. 그의 설교에는 하늘나라와 대한민국, 그리고 그리스도 사랑과 민족 사랑이 늘 함께한다. 그의 메시지는 인생의 방향성을 간결하면서도 강한 용기로 제시해 준다. 특히, 준비된 원고 없이도 역사적·시대적 배경을 바탕으로 한 인문학적인 표현이 풍부하여, 나와 같은 평신도들에게도 쉽게 이해되고 더욱 은혜롭게 다가온다.

(3) 탈북자 보조: 2021년부터 온라인 성도들이 3만 5천 명의 탈북자 중, 형편이 몹시 어려운 가정 수십 세대를 돕고 있다.

(4) 수도원: 매년 여러 차례 단기 및 장기 금식 수련회와 안식 프로그램을 운영하고 있다.

(5) 농업유한회사 법인체 설립: 양봉, 발효식품 및 각종 과일, 채소, 약용 식물을 유기농법(Organic farming)으로 재배하는 동시에 유통 산업을 겸해 운영한다. 두레농업회사는 땅과 사람을 살리는 기업을 목표로 삼고 있으며, 매출액이 증가해 2021년에는 수백억 원에 달했다고 한다. 이 농업 정신과 경영 기술은 남북통일이 이루어지는 날, 북한의 헐벗고 메마른 땅으로 옮겨질 때까지 지속적으로 연구·개발될 예정이다.

(6) 두레국제아카데미(Dure Global Academy): 숲속창의력학교에서 발전한 이 국제학교는 참신한 일꾼을 양성하기 위해 세 가지 목표를 기반으로 운영된다. 1) 건강하고 창조적인 크리스천 일꾼 양성; 2) 4차 산업시대에 세계적인 경쟁력을 지닌 전문가 배출; 3) 통일한국시대에 교회와 겨레 그리고 세계를 섬길 지도자 양성. 어쩌면, 두레아카데미는 이승만 건국 대통령의 경륜과 전략인 '교육 입국'과 '과학 입국' 정신을 계승하는 교육 기관일지도 모른다. 현재 이 아카데미는 초·중·고 12학년제로 운영되며, 학년당 30명의 남녀 학생들이 배움을 이어가고 있다. 2021년에는 미국, 호주, 이스라엘, 독일 등

4개국에 분교가 설립되었으며, 이에 따라 학생과 교사 간 해외 연수 및 학문적 교류가 더욱 활발해질 전망이다. (출처: www.christiantoday.co.kr). 우리 부부가 2023년 봄, 쇠목골에서 만난 김 목사님은 30년 전 남양만에서의 젊은 시절과 다름없이 여전히 분주한 나날을 보내고 계신 듯했다.

3) 지미 카터(Jimmy Carter, 1924-2024): 지미 카터는 미국의 제39대 대통령으로서 임기(1977~1981)를 마친 후, 출생지인 조지아(Georgia)주 플레인스(Plains)로 돌아가 보람찬 노후생활을 보낸 미국의 대표적인 장수 대통령이다. 그가 정착한 플레인스는 인구가 700명도 채 되지 않는 작은 시골 마을로, 젊은 시절 해군에서 퇴역(1953)한 후 정치에 입문하기 전까지 약 10년간 가업인 땅콩 농장을 경영했던 곳이기도 하다. 낙향(落鄕) 후, 그는 지역 사회와 자신이 영적으로 성장해 온 부모님의 교회에서 성경을 가르치는 등 다양한 봉사 활동을 이어갔다. 또한, 정부의 손길이 닿지 않는 사회적 문제에도 관심을 두며 공공을 위한 활동을 지속했다. 1984년 대통령 선거 출마 제안까지 거절하며 노후생활을 이어간 그는, 오히려 백악관 시절보다 더 높은 명성을 얻게 되었으며, 그의 헌신적인 삶은 더욱 많은 이들에게 감동을 주고 있다 (Alter, 2020).

퇴임 후 첫해인 1982년, 지미 카터는 카터센터(Carter Center for Human Rights)를 설립하고, 전 세계에서 끊임없이 발생하는 분쟁을 해결하기 위한 조정자로서 개인 자격으로 활동을 시작했다. 그의 첫 행보는 아마도 1983년, 중동 문제 해결을 위해 이집트를 방문하여 팔레스타인 해방기구(Palestine Liberation Organization, PLO) 요원들과 접견한 일이 아닐까 싶다. 이후 2007년, 남아프리카공화국의 전 대통령 넬슨 만델라(Nelson Mandela)가 창설한 엘더스(The Elders)라는 세계 지도자 그룹에 동참하여, 세계 평화와 인권 증진을 위해 수단(Sudan), 키프로스(Cyprus), 시리아(Syria), 이집트(Egypt) 등 여러 나라를 방문하며 활발한 외교적 노력을 기울였다. (출처: www.theelders.org.)

---

* Alter, Jonathan. 2020. His very best-Jimmy Carter, a life. Simon & Schuster.

한반도 평화와 인권 문제도 그의 관심사에서 예외가 아니었다. 그의 첫 번째 북한 관련 외교 행보는 1994년, 빌 클린턴 대통령의 요청을 받아 교착 상태에 빠진 북한 핵 문제를 논의하기 위해 평양을 방문한 것이었다. 또한, 2001년에는 국제 비영리 단체 해비타트(Habitat for Humanity)의 사랑의 집짓기 운동의 일환으로 충청남도 아산 등을 방문하기도 했다. (출처: www.doopedia.co.kr). 이처럼, 지미 카터는 노후에도 세계 평화와 인권 보호를 위해 분쟁 지역을 직접 찾아다니며 활동을 이어갔고, 20여 권의 책을 저술하는 등 지적·사회적 기여를 계속했다. 그의 이러한 공로를 인정받아 2002년에는 노벨 평화상을 수상했다. 나는 이 미국의 장수 대통령의 노후활동 기사를 접할 때마다, 한국의 역대 대통령들이 불행하고 비참하게 생을 마감하는 현실이 더욱 안타깝게 느껴진다.

4) 빌 게이츠(Bill Gates 1955-): 빌 게이츠는 하버드대학교 법학과에 입학했으나, 전과하여 수학을 공부하다가 1975년 대학을 중퇴했다. 이후 어린 시절의 친구였던 폴 앨런(Paul Allen)과 함께 최초의 소형 컴퓨터용 프로그램인 BASIC을 개발하였고, 이를 기반으로 퍼스널 컴퓨터(PC) 소프트웨어 기업 마이크로소프트(Microsoft)를 창립했다. 그가 개발한 윈도우즈(Windows) 시리즈는 획기적인 판매 실적을 기록했다. 특히, PC 운영체제의 패러다임을 바꾼 윈도우즈 95(Windows 95)는 발매 4일 만에 100만 개 이상이 판매되며, PC의 대중화를 이끄는 데 결정적인 역할을 했다. 이와 함께 마이크로소프트는 컴퓨터 세계 시장에서 압도적인 주도권을 확보하며, 게이츠는 엄청난 부를 축적했다. 그는 24년 동안 세계 억만장자 순위에서 18년간 1위를 차지했으며, 2021년에는 4위로 내려앉았으나 그의 전 재산은 1,240억 달러(약 160조 원)에 달한다고 한다. (출처: www.ferbos.com)

빌 게이츠가 나의 노후생활의 스승이 되는 이유는 그의 성공적인 창업 때문이 아니다. 그가 33년간 급성장한 세계적인 기업을 자진 은퇴하고, 53세의 비교적 젊은 나이에 자선 활동을 시작했다는 점이야말로 본받고 싶은 부분이다. 2008년, 그는 자선 사업을 목적으로 빌 & 멀린다 게이츠 재단(Bill & Melinda

Gates Foundation, BMGF)을 설립했다. 이 재단은 주로 의료 복지 향상, 세계 극빈층 감소, 그리고 통신 기술 발전을 위한 교육 기회 제공을 목표로 활동하고 있다. 게이츠 부부는 자선 사업을 위해 개인적으로 360억 달러(약 46조 원)를 기부했으며, 2016년 기준 BMGF는 워런 버핏(Warren Buffett)이 운영하는 버핏 재단(Buffett Foundation)에 이어 세계에서 두 번째로 큰 자선 기관으로 알려졌다.

2021년 현재, BMGF의 기본 자산은 4,908억 달러(약 630조 원)에 달하며, 1,600여 명의 임직원이 이를 관리하고 있다고 한다. (출처: www.gatesfoundation.org) 빌 게이츠의 이러한 행보는 부와 명예를 쌓는 것보다, 그 부를 어떻게 사회에 환원할 것인가가 더욱 중요하다는 점을 시사한다. 그의 철학과 실천은 노후생활에서도 배울 점이 많으며, 나에게 깊은 영감을 주는 사례이다.

빌 게이츠가 전 세계 사람들로부터 깊은 존경을 받는 이유는 단순히 자신의 재산 일부를 기부했기 때문만이 아니다. 그가 남다른 박애(博愛) 정신과 인자한 마음으로 자선 활동에 헌신하고 있다는 점이 더욱 중요한 이유일 것이다. 게이츠의 자선 활동에 매료된 인물 중 한 사람은 그의 브리지(Bridge, 카드 게임) 파트너이자 세계적인 투자가 워런 버핏(Warren Buffett)이다. 2006년, 버핏은 자신의 유산(Estates)의 85%를 BMGF(빌 & 멀린다 게이츠 재단)에 기부하겠다고 발표했다. 이러한 신뢰를 바탕으로, 2010년 게이츠와 버핏은 함께 '주는 서약(The Giving Pledge)'이라는 캠페인을 시작했다. 이 캠페인은 세계의 부유층들에게 사회에 환원하는 삶을 실천하자고 호소하는 운동이었다. 그 첫해, 게이츠와 버핏의 요청에 응답한 40명의 기부자는 총 1,250억 달러(약 160조 원)를 기부하겠다고 서약했다. 이후 2013년부터 이 캠페인은 전 세계적으로 확산되었으며, 2021년에는 28개국에서 231명의 자선가들이 기부 서약에 참여했다고 한다. 놀라운 점은, 이 캠페인에 동참한 기부자들 중에는 30대의 젊은 부호부터 90대의 노년층까지, 다양한 연령대와 배경을 가진 사람들이 포함되어 있다는 것이다. (출처: www.givingpledge.org)

6

무모하고 허무한 노후생활

 무모(無謀)한 노후

우아(優雅)하고 품격 있게 늙어가기 위해서는 이웃들과 어울리며 보람찬 활동을 지속하는 것이 필수적이다. 만약 이러한 활동을 멈추게 된다면, 노후의 삶은 점점 흥미와 열정을 잃고, 무모하고도 지루한 나날로 변해버린다. 이는 계획적이고 의미 있는 소일거리를 실천하는 삶과, 오랜 세월 문화예술 분야에서 쌓아온 특기를 지속하는 예술인의 노후생활 사이에서 나타나는 뚜렷한 차이점이라 할 수 있다.

무모(Thoughtless)한 노후생활이란 다녀올 곳도 오라는 곳도 없는 삶이다. 계획하고 도전하는 일거리가 없음으로 욕망도 열정도 불필요하다. 종일토록 한 자리에서 서성거려도 누구 하나에게도 상관이 없는, 있으나 마나한 존재로 전락한 것이 초년생 노후생활에서 흔히 느끼는 감정이다. 이러한 덧없는 시간들은 허무(Nihility)한 노후의 삶이다. 이렇게 무모하게 시작한 노후생활은 보람찬 노후생활과 매우 대조적인 것으로, 20년 아니 30여년 후에 찾아올 죽음을 기다리며 아무런 활동도 없이 늙은이라는 이유 하나로 무의도식으로 그럭저럭 매일을 지내는 셈이다.

[사진 6-1] 서울 파고다 공원에 운집하고 있는 노인들의 모습

34여 년 전, 미국에서 은퇴 생활을 막 시작했을 때의 일이다. 어느 날, 아내와 함께 운전하던 중 옆 차선의 승용차에서 펄럭이는 흰색 현수막 하나가 눈에 들어왔다. 그 위에는 굵직한 빨간 글씨로 세 줄의 문장이 적혀 있었다.

No boss
No telephone
No hurry, just retired

얼마나 직장생활에 시달렸으면 저렇게까지 할 수 있을까? 그리고 얼마나 복잡다망한 '월급쟁이' 생활을 했기에 해방감을 저토록 즐길 수 있는가 하는 생각이 들었다. 모름지기 그도 나와 같은 월급쟁이들처럼 곧 조용해진 전화기를 바라보면서 일과의 규칙이 흩어지는 것을 느끼게 될 것이라고 생각되었다.

이렇게 현수막을 걸고 해방을 만끽하던 그 은퇴자도, 결국 다른 월급쟁이들과 마찬가지로 머지않아 찾아올 삶의 공허감(空虛感)을 필연적으로 느끼게 될 것이다. 왜냐하면 인간은 본래 사회적 존재로서, 타인과 더불어 무언가를 해야만 하는 유기적이고 집단적인 동물이기 때문이다. 따라서 싫든 좋든 '동료들과의 소일'을 위해 사람들을 찾아 집 밖으로 나서게 된다. 그렇기 때문에 젊은 시절, 자신이 좋아하는 취미나 운동 등 소일거리를 하나쯤은 미리 선택하여 일찍부터 단련하고 익숙해지는 것이 바람직하다. 이런 점에서 볼 때, 특기를 가진 문화예술인이나 다양한 자영업에 종사하는 사람들은 월급쟁이들이 퇴직 후 겪는 공허감을 상대적으로 덜 느낄 것이다.

이러한 무의미한 생활에 싫증이 나면, 때때로 노후살림에 도움이 되는 '일자리'를 찾아다니거나, 집을 수리하고 정원을 가꾸면서 같은 처지에 있는 친지들과 연락을 주고받으며 소일거리를 모색하게 된다. 이러한 과정에서 함께 모여 음식을 나누는 친목(親睦) 모임이 시작되고, 점차 단체 여행으로 발전하며, 결국 '끼리끼리' 모임이 형성되어 마침내 클럽(Club)이나 협회(Association)와 같은 조직체가 만들어지기도 한다. 한국의 '끼리끼리' 모임 중에는 비슷한 환경에서 인연(因緣)을 맺은 노인들이 정기적으로 함께 무료 전철을 이용해 온천 나들이를 다니며 소일하는 경우도 무수히 많다고 한다.

소일을 위한 모임

이러한 소일 모임은 조직체로 발전하면서 학연(學緣)이나 지연(地緣)을 기반으로 동창회나 향우회 같은 특별한 배경과 목적을 지닌 사조직으로 형성되며, 나아가 정치 활동까지 하는 경우도 있다. 한국에는 1만 5천 개가 넘는 단체가 등록되어 있으며, 그 대부분이 사단법인(社團法人) 형태를 띠고 있다고 한다.

소일을 위한 모임의 대표적인 예로, 1960년대부터 은퇴한 교사들이 조직한 '삼락회(三樂會)'가 있다. 이 조직은 전국적으로 확산되어 현재 회원 수가 1만 2천 명에 이르는 큰 단체로 성장했다. '삼락(三樂)'이란 가르치는 즐거움, 배우는 즐거움, 봉사하는 즐거움을 뜻하며, 이는 평생교육을 이념으로 삼는 단체의 정신을 잘 반영하고 있다. 오랜 교육 경험과 지혜를 지닌 교육자들의 이러한 활동은 노후의 여가를 의미 있게 보내는 동시에, 고독을 해소하는 역할도 한다. 또한, 정부가 미처 손이 닿지 못하는 교육 정책을 보완하는 데도 일정 부분 기여했을 것이다. 이처럼 삼락회와 같은 모임이 다양한 분야에서 더욱 활성화되어, 보다 많은 노인들이 보람찬 노후생활을 누릴 수 있는 기회가 확대되기를 바란다.

조직체에는 여러 종류의 '감투' 자리가 존재한다. 이러한 자리를 차지하려는 경쟁 과정에서 민주주의 절차를 거치면서도, 한국적인 '패거리 문화'가 자연스럽게 성장한다. 결국, 이렇게 쟁취한 감투를 통해 노년의 보람을 찾고, 나아가 인생의 마지막 선물로 주어진 귀한 노년의 세월을 보다 의미 있게 보내려 최선을 다하는 것이다. 어쩌면 이는 젊은 시절 이루지 못했던 꿈을 실현하려는 하나의 수단일지도 모른다.

 잡다(雜多)한 노인단체

한국에서 법적으로 인정된 최초의 노인 단체는 1954년에 설립된 '한국노인복지중앙회'로, 이는 1,400개의 노인복지시설 및 사회복지법인시설을 대표하는 사단법인체이다.(kascwi@elder.or.kr) 그다음으로 오래된 단체는 1969년에 설립된 '대한노인회'로 2천 개의 경로당과 노인당을 대표하며, 1990년부터는 '노인복지법'(1981년 제정)의 시행을 전달하는 체제를 갖춘 민영 조직체로 성장했다.(www.100ssd.co.kr.)

이 외에도 보건복지부에는 노인의 권익과 복지를 위한 43개의 노인 단체와 440개의 비영리 사단법인체가 등록되어 있다. 하지만 '코리언 리서치'에 따르면, 이들 단체는 정부 보조금에 지나치게 의존하는 탓에 창의적이고 지속적인 운영이 어렵고, 권력 다툼으로 인한 내부 갈등도 심각한 것으로 나타났다(blog.never.com/cojaya).

특수법인체인 대한노인회는 한국의 노인복지정책을 전달하는 주요 조직 중 하나로, 한때의 '새마을운동'과 유사한 행정조직 체계를 갖추고 있다. 중앙에서부터 읍·면·동 단위까지 조직이 정비되어 있으며, 주요 활동으로 노인 교육, 능력 개발, 직업 알선 등이 포함된다. 이를 위해 전국 190개소에서 노인 취업 지원센터를 운영하며, 노인들이 사회에 적응할 수 있도록 돕는 노인학교도 운영 중이다. 그러나 2021년 여름, 야당 국회의원들이 '대한노인회법'을 발의하면서 대한노인회는 다른 군소 노인 단체들의 강한 반대에 직면하게 되었다. 논란의 핵심은 대한노인회가 정부로부터 무소불위의 독점적 법적 특혜를 받으며, 65세 이상의 노인들에게 강제적으로 회원 가입을 법률화하려 했다는 점이다. 이는 같은 사단법인체임에도 불구하고 대한노인회만이 정부 지원을 독점하는 구조적인 문제를 초래한다는 비판을 받았다.

논란이 되는 대한노인회의 회원제 강제 가입은, 어쩌면 미국의 두 대표적인 노인 단체(AARP, American Association of Retired Persons; AMAC, Association Matured American Citizens)의 운영 방식을 모방하려는 시도로 보인다. 이 두 비영리단체는 정부의 보조 없이, 온전히 회원들에 의해 회원들을 위한 기본정신으로 기업경영방식으로 여러 사업을 추진해 오고 있다. 특히 1958년에 설립된 AARP는 회원 수가 3,800만 명으로, 직원 2,250명과 자원봉사자 20,854명이 정부 보조 없이 회원들의 회비와 자체 사업 수익(2018년 기준 연간 $17억)으로 운영하여 한편에서는 RP(은퇴자)만을 위한 기관이 아니라는 비판도 있다.

한국 사회가 직면한 심각하고도 복잡한 노인 복지 문제가, 무모한 노후생활을 피하려는 열정을 통해 일부라도 해소되고 도움이 된다면 그것만으로도 얼마나 다행스러운 일인가! 모든 복지 시책이 그러하듯, 노인 복지 정책 또한 정치인들의 일시적인 감정이나 공무원들의 지식만으로는 감당하기 어려운 과제라고 생각된다. 만약 나에게 해결책(Countermeasure)을 묻는다면, 나는 정치와 무관한 장기적인 두뇌집단(Think Tank)이 필요하다고 답할 것이다. 이들은 사회의 가장 기초적인 부분에서부터 종합적으로 접근하여, 현실적인 대안을 하나씩 영구적으로 실현해 나가는 역할을 해야 한다.

7

노후의 유의(有意)사항

 노후의 품위(品位)

　노후생활은 마음과 몸이 세월에 못 이겨 쇠퇴해 짐으로 심신의 능력이 서서히 활성을 잃어가는, 저물어가는 달빛과 같다. 가볍던 걸음걸이에서부터 기억력에 이르기까지 그 어느 한 부분도 열세(劣勢)되지 않은 것이 없다. 늙어 갈수록 심신의 어느 부분이든 고장이 나면 젊은 날에 비해 그 회복이 더디 되거나 때로는 거의 불가능하다. 그래서 노후생활에는 마음속 깊이 새겨서 관심을 갖고 유의(Attention)해야 할 사항이 수없이 많다. 유의사항들은 시대와 사람에 따라서 다를 것이나, 나의 30여년의 노후생활에서 관심을 가졌던 사항들을 편리상 둘로 나누어 몇 개씩만 나열해 본다. 그 첫째는 우리가 지닌 습성들을 고수함으로서 노인답게 살 수 있는 용기와 긍지를 심어주는 것들이라면 둘째는 우리의 악습들을 유의하며 버리지 않으면 노년의 품위를 손상시키는 언행들이라 하겠다.

　　1. 하면 할수록 덕(德)이 되는 사항.
　　　(1) 웃음 진 일상생활
　　　(2) 열정(熱情)
　　　(3) 시민의식(市民意識)
　　　(4) 자부심(自負心)

(5) 관용(寬容)

2. 하면 할수록 덕이 못되는 사항.
　　(6) 꼰대
　　(7) 자존(自存)능력
　　(8) 고집((固執)
　　(9) 화급(火急)한 성질

　1) 웃음의 위력(威力): 웃음은 늙음을 젊음으로 만들어준다. 뿐만이 아니라 가족들과 이웃들 모두에게 즐거운 마음을 갖게 한다. 웃음은 편안하고 너그러운 마음에서 자연적으로 생기는 보물이다. 그러니까 마음가짐에 있다는 것이다. 그래서 마음을 다스리는 생각들을 비관적이 아니라 낙관적, 절망적이 아니라 희망적, 부정적이 아니라 긍정적, 소극적이 아니라 적극적 그리고 미움보다는 애정의 놀이동산으로 모셔가야만 한다. 웃음은 인간에게 주워진 보물 중에서 가장 고귀한 보물이라고 한다.

　2) 열정(Passion): 열정(熱情)이 노후생활에 절대적인 이유는 시들어가는 신심에 생기(生氣)를 더해주는 보약이기 때문이다. 그래서 열정이 식어지면 사람은 나태해짐으로서 노년의 삶을 더 비참하게 한다. 열정은 보람차게 사는 인생에게만 주어지는 것으로, 무엇인가를 해보고 싶은 의지(Will)와 도전(Challenge)의 결합체이기도 하다. 자아실현(Self-realization)이라는 인간의 본능적 성취욕구도 열망이 없이는 불가능하다고 한다. 어쩌면 열정은 인간다운 인간을 만들어주는, 웃음 다음으로 엄마의 젖줄기와 같은 은혜의 존재인지 모른다.

　3) 시민의식(Civic Consciousness): 시민의식은 한 국가의 구성원으로서 갖추어야할 기본적 자세와 도리이다. 구체적으로는 한 시민으로서의 예의범절, 준법정신 및 생활태도 그리고 사회에 대한 책임과 국가정체성에 대한 마음가짐까지도 내포되어 있다. 오늘의 우리는 옛날의 민초(民草)들이 아니고 막강한 힘을

지닌 정책의 유권자이자 상품시장의 고객들이다. 시민으로서의 품위가 연륜과 더불어 희미해지다가 흔적조차 찾을 수 없게 되면, 국민으로서의 자질과 도리를 망각하는 셈이 된다. 시민의식을 고수하는 지름길이 있다면 변화하는 시국(時局)에 관심을 갖고 신문방송을 접하는 반면 정치에도 직접 혹은 간접적으로 참여하는 생활이다.

4) 자부심(Self-esteem): 노후에 자부심이 불가결한 이유는 늙어서 연약해지는 마음에, 자신에 대한 자존심(自尊心)과 자신감(自信感) 그리고 국가와 사회에 대한 책임감을 되새기게 함으로서 자기 고유의 가치를 스스로 느낄 수 있는데 있다. 자부심은 자신의 근면(勤勉)과 성취, 어려운 난관을 극복한 인내와 도전에 대한 스스로의 만족이고 긍지(矜持)이다. 세계 사람들에게 선망이 되는 우리 개개인의 자부심은 독일의 그 깊고 깊은 탄광에서 그리고 중동의 모래바람에 도전한 민족적인 근로정신일 것이다. 국가적인 자부심은 한강의 기적을 일으키면서 이웃들을 게으른 나라로 만든 우리 조상들의 부지런함이다.

5) 관용(Generosity): 노후생활에서 요구되는 관용(Toleration)은 종교적이거나 정치적으로 흔히 쓰이는 선의(善意)에 더하여, 인성에서 표출되는 자상하거나 너그러운 마음씨이다. 자기를 낮추고 남을 높이는 혹은 남의 의견을 더 존중히 하는 너그러운 배려(配慮)이다. 알아도 모르는 체 혹은 보고도 못 본체하면서 남을 더 귀(貴)히 여기는 겸손한 자세라 하겠다. 노후생활에서는 자기가 지닌 경험이나 벼슬아치 친지들이 있다고 혹은 축재한 금전으로 '티'를 내면 외톨이 늙은이로 남게 된다. 고립되는 경우는 자신의 신념만을 절대적인 것으로 여기거나 자기 이익만을 추구할 때도 생긴다. 그래서 나는 자녀들과의 관계에서도 내가 직접적으로 관여할 성질이 아니면 건성으로, 만 단위 이하의 문제에는 참견하지 않는다. 필요에 따라 눈치 있게 조용히 '지갑을 열면' 멋진 늙은이라는 귓속말이 들려올 때도 있다.

6) 노인꼰대: 꼰대란 최근 한국사회에서 늙은이답지 못한 노인의 결점을 흉

(凶)보는, 옛날에 부르던 '영감탱이'를 대신하는 귓속말이다. 사람은 늙어가면서 마음이 여려지는 탓인지, 어른다운 품위를 잃고 자기와 관계없는 일에 참견하거나 간섭을 함으로서 이웃들의 미움을 상하게 한다. 때로는 자기만 특별한 체 같은 말을 되풀이하거나 '잔소리'를 하면서 위세를 피운다. 최근 우리 사회에는 스스로가 사회적인 공로와 덕망이 있다고 믿는 원로들까지 권위주의적으로 잘난 체 하면서 '아랫것'들에게 하대(下待)하는 속물에 속한 꼰대도 있다. 꼰대란 어쩌면 영어에서의 보시(Bossy) 혹은 신분사회의 '갑질'과 같은 횡포인지 모른다. 그런 탓인지 한국사회에는 청바지를 입은 꼰대가 있는가 하면 아군(我軍)과 적군(敵軍)을 분별 못하는 여의도의 '정치인 꼰대'까지 생겨나고 있다.

7) 자존(自存)능력: 노후생활은 깊어갈수록 활력을 잃으면서 자기 스스로가 할 수 있는 소소한 일까지도 남의 도움을 받으려한다. 그 바라는 마음이 자라면 어느새 염치(廉恥)도 면목(面目)도 없게 된다. 오늘과 같은 핵가족사회의 노후생활에서는 옛날에 피우던 '엄살'로서는 아무런 도움도 받을 수가 없다. 옛날에 많았던 도움이들도 지금은 모두 제 나름대로 바쁘기 때문이다. 그래서 자기의 손을 '약손'으로 믿고 스스로 생존할 습관을 키워야 한다. 이에는 잘하거나 못 하는 일이나 힘들고 쉬운 일도 없거니와 집 밖과 집 안의 구별된 작업도 없다. 닥치는 대로 과감하게 스스로 해결하고자 하는 소신과 능력만이 도움이 된다. 노후에 자존능력이 불가결하듯이 국가에는 민족자존 정신이 절대적이라고 한다.

8) 고집(Stubborn): 고집이란 자기의 의견만이 옳다고 주장하면서 고치거나 바꾸지 않고 굳게 버티는, 융통성이 전혀 없는 성품이다. 융통성이 없음으로 마음과 생각이 한 곳에 갇혀있음으로 새것을 받아드리지 못한다. 그래서 변화나 개발이 매우 힘들다. 부부간의 화합까지도 방해를 하는 요물이다. 속담에서 말하는 '고집쟁이'는 친척들과 친지들 사이에서도 환영을 못 받는 성격의 소유자이다. 주변에 대화를 나눌 친구들이 없음으로 고립되기 쉽다. 고집은 이웃 간의 대화를 좌절케 함으로 노후생활에는 금물중의 금물이 된다. 영어권 사회에서 의미하는 고집쟁이는 가까운 이웃이 될 수 없다고 한다.

9) 화급한 태도(Imminence): 한국 국민성의 하나인 '빨리 빨리' 언행은 나이가 들어도 좀처럼 너그러워(Relaxation)지지 않는 것 같다. 당장 하늘이 무너지는 것처럼 당황하며 서둘러 행동을 한다. 때로는 참을성(Perseverance)을 잃고 분노의 격분까지 하게 된다. 마음의 아량(雅量)과 여유가 없는 자세임으로, 노인들의 품위와는 어울리지도 않을뿐더러 손상을 크게 준다. 그 화급한 성격은 한국의 황혼이혼과 노인자살을 OECD 나라들 중에서 으뜸이 되게 하는 원인중의 하나라고 한다. 나는 돌다리도 두 번 두들겨 보고 건너간다는 별명을 지니면서 살고 있지만, 노후생활 30년간 세 아들로부터 가장 많이 듣고 있는 말이 바로 'Relax'(편히 쉬세요) 혹은 'Take Easy'(너무 걱정하지 마세요)란 말이다.

 노후 12계명

아무리 세상물정에 능숙하더라도 마음깊이 새겨서 관심을 갖고 조심하는 노후생활이 무엇보다 더 바람직하다. 다음은 우리 부부가 노후생활을 시작할 무렵 누군가가 전해준 유의사항이다.

1) 혼자 지내는 습관을 길들일 것
2) 남이 보살펴 주기를 기대하지 말라
3) 무슨 일이든 자기 힘으로 하도록 노력 하라
4) 힘들어도 걷기운동을 생활화 하라
5) 한 살이라도 젊었을 때 많이 움직이라
6) 당황하지도 성급히 하지도 말고 그리고 뛰지도 말라
7) 잠이 오면 자고, 잠을 설치지 말라
8) 나의 괴로움이 제일 크다고 생각하자 말라
9) 편안한 것만 찾지 말고, 외로움을 만들지 말라
10) 늙은이라고 무시하더라도 너무 슬퍼하지 말라
11) 자식들이 무시하더라도 너무 슬퍼하지 말라
12) 친구가 먼저 죽어도 지나치게 슬퍼 말라

8

한국의 노인빈곤(貧困)

 빈곤(Poverty)

빈곤이란 인간의 기본적 욕구 충족에 필요한 생활수단이 결핍되어, 최소한의 생활조차 유지하지 못하는 상태를 가리키는 말이다. 이 빈곤은 인류 역사 속에서 지역적으로 종종 발생하는 굶주림이나 아사(餓死)와는 다르게, 하나의 고질적인 불치병처럼 지속적으로 존재해왔다.

고대 희랍 문헌에서 말하는 빈민(貧民)은 두 가지 유형으로 나뉜다. 첫째(penes, Poor)는 열심히 일하지만 수입이 늘 부족하여 궁핍한 삶을 살아가는 사람들이고, 둘째(ptocheia, Poverty)는 게을러서 일을 하지 않고 구걸(求乞)로 생계를 유지하는 거지들이었다. 한편, 고대 히브리어 문헌에서 언급된 자선의 대상자는 고아, 과부, 그리고 나그네였다. 나는 인도네시아의 빈곤층 실태를 조사·분석한 저서(『One Dollar A Day』, 1999)에서, 인도네시아의 빈곤은 조상 대대로 이어진 가난-무지-질병이라는 삼중고 때문으로, '빈곤의 수레바퀴'(Poverty treadmill)에서 벗어나지 못하는 농어촌 오지 주민들에게 집중되어 있다고 서술하였다.

빈곤퇴치 전문가들은 빈곤을 상대적 빈곤과 절대적 빈곤으로 나누고 있다. 상대적 빈곤과 절대적 빈곤(Absolute poverty)의 개념, 그리고 빈곤선의 변화에 대한 내용을 정리해보면 다음과 같다. 상대적 빈곤(Relative Poverty)은 국가별 경제 상황에 따라 다르게 정의되며, 특정 사회에서 일반적인 생활 수준과 비교했을 때 빈곤한 상태를 의미한다. 한국에서는 기존의 최저생계비 개념 대신, 중위소득(국민 평균가구소득의 중간 값)을 기준으로 상대적 빈곤층을 구분한다. 2020년 한국 보건복지부 기준 1인 가구 중위소득은 1,757,194원이고 4인 가구 중위소득은 4,749,174원이었다. 이를 기초로 정부는 '최저보장수준'을 설정하고, 소득이 이에 미치지 못하는 경우 기초생활보장제도를 통해 생계급여를 지급한다.

절대적 빈곤은 최저생계비(인간이 생존을 유지하기 위한 최소한의 생활수단)를 기준으로 삼아 빈곤 여부를 판단하는 개념이다. 빈곤선(Poverty Line)은 최저생계비를 한계 수준으로 설정하여, 이를 기준으로 빈곤 상태를 구분하는 방식이다. 이 빈곤선은 전 세계적으로 공통된 기준으로 사용되며, 국가별 경제 수준과 관계없이 생존이 불가능한 수준의 빈곤을 정의하는 데 중점을 둔다. 빈곤선은 세계은행(World Bank)이 1972년 세계적인 빈곤퇴치계획을 수립하면서 처음 제안하였으며, 1990년 세계은행이 발표한 최초의 빈곤선은 1985년 구매력평가(PPP, Purchasing Power Parity)를 기준으로 하루 일인당 $1.00로 설정되었다. 세계 빈곤율의 변화를 세계은행(2015) 발표에 따르면 1900년 세계 빈곤율은 80%, 2015년 세계 빈곤율은 15% (7억 3,400만 명)로 감소하였다고 한다(Poverty Net Research, world bank org.). 이는 전 세계적인 경제 발전과 빈곤퇴치 정책의 성과를 반영하는 수치이다. 절대적 빈곤 개념은 기본적인 생존에 초점을 맞춘 기준이며, 시간이 지나면서 빈곤선이 상향 조정되었음에도 불구하고 전 세계 빈곤율은 점차 감소하는 추세를 보이고 있다. 이후 경제 및 물가 변동에 따라 빈곤선(하루 일인당수입)은 $1.00 → $1.25 → $1.90(2015) → $2.15(최근 기준)으로 점차 상향 조정되었다(표 8.1).

나라	빈곤선($2.15)	빈곤선($3.65)	빈곤선($6.85)	조사년도
한국	0.0	0.2	0.5	2021
일본	0.0	0.0	0.0	2021
중국	0.0	0.1	17.0	2021
미국	1.2	1.5	2.0	2021
독일	0.2	0.2	0.5	2020
인도	12.9	44.0	81.8	2021

[표 8-1] 나라별 절대빈민(World Bank, World Poverty Clock)
(전인구 대 빈곤선에 못 미치는 인구, %)

 노인빈곤

노인빈곤이란 65세 이상의 고령층 인구 중에서 최저생계비가 부족한 노인의 비율을 뜻한다. 한국통계청(2021)의 고령자통계에 따르면 2018년도 한국 노인 빈곤율은 45.7%로, OECD 평균(12,9%)보다 3.5배나 높다고 한다. 뿐만이 아니라 가계 부채율도 금융자산의 73%를 차지하여 전 국민의 평균 가계부채율(64%)에 비하여 9%가 높았다(한국경제보고서, 2018).

나라별	노인층(A)	생산층(B)	A/B(배)
한국	43.4	11.8	3.68
일본	19.6	13.0	1.50
미국	23.1	n.a.	n.a.
영국	14.9	10.6	1.41
독일	10.2	9.7	1.05
불란서	4.1	8.6	-0.47
캐나다	11.9	11.8	0.08

[표 8-2] 나라별 노인층(66세 이상) 빈곤율(%) 대 생산층(18-65세)
(OECD Social and Welfare Statistics, 2021)

OECD(2021) 통계조사에 따르면 한국의 66세 이상 노인 빈곤율(43.4%)은 생산연령층(18-65세)에 비해 3.5배나 높았다(표 8.2). 프랑스 노인들과 비교하면 10배, 일본의 노인 빈곤율과 비교하면 2.2배나 높은 수치다. 이처럼 다른 나라들에 비해 한국 노인의 빈곤율이 유독 높다는 것은, 한국 사회에 특이한 요인이 작용하고 있음을 시사한다.

젊은 시절 절제를 하지 못했거나, 과소비로 인해 노후준비를 할 여유가 없었기 때문일까? 혹은 노부모, 형제, 자녀의 뒷바라지로 인해 지출이 수입을 초과했기 때문일까? 그도 아니라면 교육을 제대로 받지 못해 비정규직을 전전한 탓에 겨우 극빈자 수준을 면한 것일까? 주된 원인이 무엇이든, 한국의 노인 빈곤은 내가 본 아프리카와 같은 후진국들의 '무지-질병-가난'의 악순환과는 본질적으로 다른 문제인 것 같다. 아마도 우리는 아직 산업사회의 핵가족제도가 요구하는 '자체 책임' 원칙을 제대로 받아들이지 못한 결과일 것이다.

얼마나 정확한 통계인지는 확인이 필요하지만, 한국에서는 소상공업을 노후까지 운영하다가 불행하게 파산(Bankruptcy)하는 '노인 파산'이 증가하고 있다는 보도가 있었다. 2020년 국내 총파산 건수의 39.8%가 노인 파산으로 노후문제를 다루는 자칭전문가들이 유트브 방송에서 열거하는 노인빈곤층의 사연들도 예사롭지 않다. 그 중에는 은퇴 후 퇴직금으로 창업을 시도했다가 사기를 당한 경우, 주식시장에 투자했다가 빈손이 된 사람, 자식의 사업에 보증을 섰다가 주택마저 잃은 부모, 자식 5남매의 뒷바라지를 한 후 남편을 잃고 독거(홀로)하는 할머니 등등, 월세 10만 원짜리 월세 집에서 노후생활을 하는 경우도 수없이 많다. 이처럼 노후자산의 관리 제대로 못한 결과, 노인 파산으로 이어지는 경우가 많다. 노인 파산은 흔히 독거(獨居) 노후생활로 연결되며, 한국의 노인 단독 가구 빈곤율은 76.2%에 이른다. 이와 함께 황혼 이혼과 황혼 자살이 늘어나면서, 행복해야 할 노후가 '죽지 못해 사는 불행한 마지막 기간'으로 전락하고 있다.

담대한 재기(再起)

죽은 나무에서는 새싹이 나지 않지만, 한국 노인 빈곤의 현실에서도 재기(Recovery)한 사례들은 역사 속에 수없이 존재해왔다. 한 실례로서 세계 150나라에 25만의 점포를 가진 '켄터키 프라이드치킨(KFC)'이라는 닭고기튀김 식당의 원조는 20세기의 불황(1929-32)으로 파산을 당하고 절망 속에 있었던 한 63세 노인(Harland Sanders, 1890-1980)이 시작한 노점이었다. 그는 절망 속에서도 포기하지 않았고, 결국 세계 150개국에 25만 개의 점포를 가진 글로벌 기업을 일구었다.

한국역사에는 '노병은 죽지 않는다는' 한 암행어사(권승)의 말이 영조(1748)때부터 전해오는가 하면 6.25전쟁의 명장 백선엽 장군의 회고록도 있다. 그들에게 인간은 창조주의 형상대로 지음을 받은 만물의 영장(靈長)이라는 자부심이 있었든 탓이다. 고대 유대민족에게는 '너의 발바닥으로 밟은 만큼 주어질 것이다'라는 구약성서 여호수아 1장 3절의 가르침이 있다.

담대한 재기에는 선재(先在)조건들이 따른다. 한국 빈곤노인의 경우, 그 선재조건의 첫째는 유교사회에서 익숙해진 대가족제도에서 분별없이 주고받는 자식과의 관계에서 탈출하는 과제이다. 오늘의 핵가족제도에서의 노후생활은 '자체해결'로 완전히 변해가고 있기 때문이다. 그래서 자식을 키워서 훗날 호강을 하다가 저 세상에서 제사상(祭祀床)까지 받아볼 생각은 지워버려야만 한다. 둘째 선제조건은 제2의 인생에서 못 다한 '보람 있는 삶'을 완수해야할, 한 성숙된 인간으로서의 임무(Mission)를 늦었지만 제3의 인생에서 끝을 맺어야한다는 책임감이다. 그 임무는 마치 호랑이가 맹수로 살아온 것이 너무나 고마워서 가죽을 남기고 죽는 것과 같은 것일 것이다.

그렇다면 무엇으로 어떻게 깊숙이 빠져있는 가난한 노후생활에서 탈출할 수 있을까? 노후의 빈곤에서 벗어나는 길은 단순한 경제적 문제 해결이 아니라, 삶을 바라보는 태도와 행동의 변화에서 시작된다. 여기에서 '무엇은' 젊은 날에 품었던 열정(Passion)이고 '어떻게'는 끝없이 도전(Challenge)하는 태도이다. 이 모두는 한 삶을 품위 있게 마무리하고자 하는 용감하고 담대한 긍정적인 자각에서 비롯된다고 확신해야 한다. 그리고 이를 실현하기 위한 구체적인 방법을 고민해 본다면, 우리는 다음과 같은 도전들을 시도해 볼 필요가 있지 않을까 한다.

1) 기초연금(基礎年金): 한국에서는 2007년 기초노령연금법이 시행된 이후, 2014년부터 기초연금제도가 도입되었다. 기초연금은 소득인정액이 선정기준액에 미달하는 65세 이상 노인들에게 매월 지급되는 수당이다. 여기서 소득인정액이란 소득 평가액과 재산의 소득 환산액을 합산한 금액으로, 전체 노인가구의 소득 하위 70% 이하가 연금 지급 대상이 된다. 기초연금 신청은 거주지 주민센터, 국민연금공단 지사 또는 기초연금 홈페이지(basicpension.mohw.go.kr)를 통해 가능하다. 2021년 기준으로 기초연금액은 단독가구 월 30만 원, 부부가구 월 48만 원이었다. 그러나 이는 일반적으로 고령층의 생활비 적정 수준으로 여겨지는 월 172만 5천 원의 30%에도 미치지 못하는 금액 2015년의 '빈곤선'($1.90)의 절반에도 못 미치는 소액이지만, 빈곤에서 재기하는 밑거름으로 사용될 수도 있다고 생각된다.

2) 일자리 찾기: 기초연금만으로는 안정적인 노후생활을 기대하기 어렵기 때문에, 노인 일자리 창출이 더욱 중요하다. 빈곤층 노인들에게 일감을 제공하는 것은 단순히 경제적인 도움을 주는 것을 넘어, 네 가지 중요한 가치를 동시에 실현하는 기회가 된다. 첫째는 규칙적인 생활을 할 수 있어서 건강에 좋고, 둘째는 용돈 벌이, 셋째는 노후의 여가시간을 활용하게 되는 것이고, 넷째는 새로운 사람들과 어울리게 됨으로 고독감을 해소할 수도 있다. 새로운 일자리에서 자아실현의 자존감을 얻게 된다면, 노후생활에 이 이상 더 보람된 일이 있겠는가?

어느 세대와 어느 사회에서든, 마음에 드는 고급 일자리를 구하는 것은 젊은 사람들에게도 참고 기다리는 인내가 필요한 일이다. 하물며 노년의 취업 희망자들에게야 더욱 어려운 일일 것이다. 따라서 구직의 범위와 시야를 넓혀, 젊은이들이 하지 않거나 기피하는 일, 장래성이 없거나 선택의 여지가 제한된 저임금 일자리부터 시작할 수밖에 없는 현실을 받아들이는 것이 중요하다. 구직의 기회는 스스로 찾을 수도 있고, 이웃이나 친지들을 통해 얻을 수도 있다. 하지만 보다 적극적으로는 정부나 사회단체에서 운영하는 전문 기관에 문의하거나 지원을 요청하는 것이 바람직하다.

3) 노인 복지법: 한국에는 노인 일자리를 지원하기 위해 법적으로 설립된 전문 기관이 두 곳 있다. 그중 하나는 1997년에 제정된 노인복지법(법률 제5359호)으로, 이 법은 노후의 생활 안정을 위한 다양한 조치를 마련하고, 노인의 보건 및 복지 증진에 기여하는 것을 목적으로 한다. 이에 따라 지방자치단체는 노인의 지역 봉사활동 기회를 확대하고, 노인에게 적합한 직종을 개발 및 보급하는 시책을 마련해야 할 책임이 부여되어 있다. 또한, 근로 능력이 있는 노인에게 일할 기회를 우선적으로 제공하도록 노력해야 한다. 이 법을 기반으로 노인 복지시설 기관이 설치되었으며, 그중에서도 '노인일자리지원기관'은 지역사회에서 노인 일자리 개발, 지원, 창업 육성 및 노인에 의한 재화의 생산과 판매를 담당하는 중요한 역할을 맡고 있다.

두 번째 기관은 1969년에 사단법인(社團法人)으로 설립된 한국노인회이다. 한때의 '새마을운동'을 위한 조직체와 비슷하게 행정조직이 중앙에서부터 읍면동에 이르기까지 연결되어있다. 한국 유일의 민영 노인복지기관으로서 한국인회는 노인교육, 노인능력개발과 일자리 알선이 주 업무이다. 이를 위해 전국에 190개소의 노인취업지원센터를 운영하고 있다. 노인학교는 노인의 사회적응을 도와 노후생활의 안전을 위해서 스스로가 연구하는 기회를 제공하는 학습시설이라 하겠다.

4) 일거리 만들기: 노인들이 주체가 되어 보람을 느끼며 무엇인가 할 수 있는 일거리를 만들어 내는 것이다. 구체적으로 말하면 누군가가 만든 일자리를 찾다(求職)가 성취를 못하게 되어 거듭 실망하고 포기 하는 것이 아니라 더 적극적으

로 일거리를 스스로 만들어 보는 것이다. 엄밀히 말하면 일거리를 만든다는 것은 개척(Exploitation)과 같은 것이지만, 노인이 젊은이에 비해 더 유리하다. 왜냐하면 젊은 날에 실패한 경험과 노후의 풍부한 시간이 이미 주어져 있기 때문이다. 이를 위한 첫 도전은 견문(Information)을 얻기 위해 사람들을 만나야 하는데, 아마도 정부나 사회단체들이 운영하는 노인대학 혹은 노인학교가 가장 적절하지 않을까 생각된다.

노인학교는 노인의 사회적응을 돕고 노후생활의 안정을 보장하기 위하여 노인에게 공부할 기회를 제공하는 학습모임이다. 노인교육에 대한 필요성은 1960년대부터 인식되어 부산의 '한얼경로대학'(1970)을 시작으로 서울평생교육원(1972), 천주교의 명동 노인교육기관(1973) 그리고 서대문구 문화촌에 인왕노인학교(1974)를 이어 전국 각지에 노인학교가 설립되었다. 이들 노인학습소는 대한노인회와 지방자치단체를 비롯한 각종 종교단체, 퇴직교사들로 구성된 대한삼락(三樂)회 등이 운영하는 공익단체들이다(www.100ssd.co.kr). 이들 학습반에 일거리를 만드는 남다른 묘안이 있을 리는 없지만, 같은 목적을 마음에 품은 동료나 선후배들을 만날 수 있는 이상적인 장소가 된다. 일거리를 만드는데도 혼자보다 둘이 더 낳다. '뭉치면 산다'는 이승만 건국대통령의 교훈이다. 삼락회를 구성한 퇴직교사들 철럼 구직하는 사람들이 취미와 재능 혹은 경험에 따라서 둘이 만나 넷이 되고 그리고는 여덟로 기하급수적으로 뭉쳐서 하나의 클럽(Club)을 만들면, 함께 살고 함께 죽을 수 있는 묘안이 생기게 된다. 오늘의 우리를 모두를 이렇게 부유한 문명인으로 들어주는 미국의 대기업들(Microsoft, Apple, Facebook, Tesla 등)도 하나같이 미약했던 창업자 두 사람의 끈질긴 작품들이다. 그 중 코스코(Costco)라는 세계적인 생활필수품 도매상은 창업자 넷이 1976년 미남가주 산디에고(San Diego)에서 시작한 '프라이스클럽(Price Club)'이었다. 그동안 세계적인 기업으로 성장하여 현재 1억 1천만의 회원(고객)과 805개 점포에 27만 3천의 일자리를 만들어 주고 있는 대기업으로 성장했다. 2024년에는 내가 노후를 보내는 캘리포니아 북쪽 나파(Napa)라는 시골마을에까지 그 점포 하나가 생겨났다.

제2부 노후생활

제 3 부

노후대책과 준비

노후준비는 행복하게 제3의 인생을 살면서
자녀들과 사회에 걸림돌이 되지 않고
디딤돌이 되기 위해서다

제 9 장 | 노후준비가 필요한 이유

제 10 장 | 노환과 건강관리

제 11 장 | 무엇으로 살 것인가?

제 12 장 | 늘어나는 노후시간의 대비책

제 13 장 | 노후고독을 극복하려면

슬기로운 노후준비

9

노후준비가 필요한 이유

 왜 노후준비가 필요한가?

　노후생활의 준비가 필요한 이유는 새롭게 시작하는 제3의 인생이 길어지기 때문이다. 장기여행에서와 같이 준비를 잘 함으로 주어진 기회를 보다 효율적으로 사용하여 보람을 얻고자 하는 것이다. 다른 모든 준비와 마찬가지로, 노후준비에도 완벽한 정답은 없으며, 개인마다 그 방식이 다를 수밖에 없다. 노후생활에서 가장 치명적인 노화 현상은 점차적으로 잃어가는 기력(氣力, Vitality)이다. 하지만 전문가들은 심신의 노화도 결국 스스로 얼마나 자부심을 가지고 살아가느냐에 따라 달라질 수 있으며, 긍정적인 태도와 자부심을 지닌다면 노후의 날들을 더욱 감미(甘味)롭고 이상(Ideal)적인 시간으로 만들어갈 수 있다고 한다.

　그 준비를 크게 나누어 보면, 두 가지 중요한 과제가 수반되는 것 같다. 그 첫째는 노화(老化, Senescence)에 따른 쇠약해지는 심신의 변화에 대한 마음의 준비이고, 둘째는 국가와 사회 그리고 가족과 친족들의 부담으로부터 독립되기 위한 생활의 준비라 하겠다. 그 준비란 올라가지 못할 나무를 쳐다보는 것이 아니라 어떻게 올라갈 것인가를 스스로가 진지하게 그려보면서, 그 실효성을 강구해보는 것이다. 그렇다면 노후준비가 왜 필요한가? 그 이유는 다음과 같다.

1) 100세 시대: 철저한 노후준비가 요구되는 가장 큰 이유는 수명이 점점 길어져서 노년기가 30-40년으로 늘어나는데 있다. 인간의 평균수명이 60안팎일 때와는 달리 오늘의 우리 사회는 애 늙은이에 이어 중늙은이까지 생겨나고 있다. 그리하여 제3의 인생이 제2의 인생에 비하여 오히려 더 긴 세월이 될 수도 있다. 그 긴 노후생활을 보람 있게 보내려면 먼 장기 여행을 하는 것처럼 채비를 단단히 하자는 것이다. 젊은 시절에는 근면, 절제, 정직 및 성실로서 행복하고도 만족한 살림을 이어올 수가 있었으나 노후생활에서는 그러한 기회가 별로 없기 때문에 사전에 보다 철저한 준비가 불가피하다.

2) 늙은이의 꿈: 두 번째 이유는 심신은 늙어가지만, 늙은이로서의 꿈을 꾸기 위해서다. 할 일이 있으면 생기를 얻게 된다고 한다. 부모님의 사랑과 준비로 세상에 태어난 것처럼, 희망찬 꿈을 꾸며 주어진 세상의 마지막 날까지 씩씩하게 생을 마감하려는 것이야말로 인간다운 열정이라 하겠다. 그러므로 노후의 날들을 인생의 덤으로 여기며 무심하게 그럭저럭 소일하는 것이 아니라, 나무 한 그루라도 심어 놓고 작별하자는 의미이다.

3) 자체적인 책임: 노후에 덕을 본 후 죽어서 제사상까지 받을 생각으로 아들을 낳아 기뻐하던 농경사회와는 달리, 오늘날의 핵가족제도에서는 불가피하게 노후에 대비하는 모든 채비를 자체(自體)적으로 준비해야 하는 상황에 이르렀다. 이것이 노후준비가 불가피한 세 번째 이유이다. 노후를 위해 얼마나 철저히 준비하느냐에 따라 우리는 제3의 인생을 보다 더 행복하게 살 수 있을 뿐만 아니라, 가족과 사회에 '디딤돌'이 될 수 있으며, 노후에도 귀중한 품위를 유지할 수 있게 된다. 서구 사회에서처럼 우리도 각자 자신의 처지와 이상에 맞춰 노후를 스스로 준비해야 한다는 것이다. 어찌 보면 자체적인 노후 대책이란, 지구에 서식하는 모든 생명체가 순응하는 천리(天理)와도 같은 것이라 할 수 있다.

4) 복지혜택: 노인 복지 정책으로 정부의 보조가 있을 것이나, 그 혜택에 의존하는 것은 어느 시대에서나 천민으로 취급된다. 또한, 복지 혜택을 단순한 도

움으로 바라보면 언제나 부족하게 느껴질 수밖에 없다. 특히 한국은 고령 인구가 급증하는 데 더해, 그 많은 고령 인구의 반 이상이 이미 정부 보조 없이는 생계를 지속할 수 없는 절대 빈곤층(貧困層)에 속하고 있기 때문이다.

 무엇을 준비할 것인가

　세상만사와 마찬가지로 완벽한 노후준비란 존재하지 않는다. 그러나 자신의 노후생활을 크게 좌우할 문제들과 취약한 부분들을 미리 세밀히 파악하고, 이에 대한 대비책(Countermeasure)을 서서히 그리고 지혜롭게 마련하는 것이 곧 노후준비이다. 노후대책이 '자체 책임'으로 변해 가는 현대 사회에서 불가피한 준비 중 으뜸가는 것은 경제적 대비이며, 그 시작은 빠르면 빠를수록 좋다고 전문가들은 조언한다. 그러나 그보다 더욱 우선해야 할 것은, 늘어난 노후기간에 대한 인식을 확고히 하는 것이 아닐까 한다.

　1) 마음의 준비: 노후는 더 이상 삶을 소극적으로 마감하는 짧은 기간이 아니라, 보람 있는 무엇인가를 적극적으로 실현해야 하는 제3의 인생이라는 마음가짐을 가져야 한다. 이러한 마음의 준비가 부족하면 삶의 의욕을 상실하게 되고, 그날그날을 지루하게 보내게 된다. 따라서 호랑이를 피해 숨으려는 자세가 아니라, 호랑이를 잡으려는 용사의 마음을 갖춘 적극적인 태도를 가져야 한다.

　2) 어디서 노후를 보낼 것인가: 직업을 따라 여러 곳을 전전해 온 직장인들은 현직에서 은퇴한 후 어디에서 노후생활을 시작해야 할지 고민하게 된다. 자녀들과 함께 살지 못하는 경우라도, 최소한 자녀들 곁에서 노후를 보내고 싶어 하는 것이 일반적이다. 그런 마음으로 나 역시 은퇴 후 세 아들이 정착한 미국으로 늙어서 이민을 오게 되었다. 그러나 거주지가 너무 멀지 않고 자동차로 1시간 거리 안에 있다면, 생일이나 명절 때 쉽게 만날 수 있어 이상적이다. 하지만 너무 가까이 살면 손자들을 돌보아야 하는 베이비시터(Baby Sitter) 역할이나, '개를 돌봐주는' 도그시터(Dog Sitter) 부탁을 거절하기 어려운 상황이 생길 수도 있다.

이렇게 정착한 노후 주거지에서의 생활에 익숙해지면서, 새로운 친지들과 정을 나누며 제2의 고향을 만들어 간다. 미국에는 고향을 떠난 노년층이 한 지역(Community)에 모여, 형편이 비슷한 사람들끼리 함께 노후생활을 하는 곳이 수없이 많다. 새로운 거주지에서 오래 살면 살수록 정이 들고 친지들이 생겨, 좀처럼 더 이상 이주하지 못하고 그곳에 머물러 살게 된다. 그러나 아침저녁 식사를 직접 만들 수 없거나, 부부 중 한 사람이 노환으로 거동이 어려워지면, 불가피하게 도움을 받을 수 있는 양로원이나 유사한 시설로 거처를 옮길 수밖에 없다. 그다음 단계는 아마도 병원의 응급치료실이거나, 더 나아가 중환자실이 될 것이다.

3) 노후사고(四苦)에 대한 대비: 노후생활의 행복을 크게 좌우하는 네 가지 고통(Anguish)을 흔히 '노후사고'라고 부른다. 첫째는 질병과 노환에서 오는 고통이다(참조: 제10장). 나이가 들수록 건강 문제는 끊임없이 찾아오며, 부부 중 어느 한쪽이라도 건강이 나빠지면, 아무리 완벽한 노후준비를 했더라도 삶이 고달파질 수밖에 없다. '인명은 재천(人生在天)'이라는 속담이 있지만, 몸과 마음의 주인은 결국 자신이다. 따라서 자신의 건강을 직접 돌보고 적극적으로 관리하는 것이 노후준비의 최우선 과제가 되어야 한다.

둘째는 재정적인 문제이다(참조: 제11장). 제2의 인생에서 충분한 자산을 축적하지 못하면, 노후에도 생계를 위해 생업을 지속해야 하는 처지가 된다. 그러나 고령자에게 취업의 기회는 많지 않으며, 언제나 젊은 층에 비해 불리한 상황에 놓이기 쉽다. 따라서 경제적인 노후준비는 빠를수록 좋다는 것이 전문가들의 공통된 의견이다.

셋째는 노후에 생기는 여가(餘暇) 시간을 소비해야 하는 고통이다(참조: 제12장). 따라서 젊은 시절부터 하나의 취미를 익혀두는 지혜가 필요하다. 부부가 함께 즐겁게 시간을 보낼 수 있는 소일거리가 있다면 더욱 이상적일 것이다. 그러나 즉흥적으로 남을 따라 하는 취미 생활은 쉽게 싫증이 나기 마련이므로, 지속하기 어렵다고 한다.

넷째는 연륜과 함께 친지들이 하나둘 떠나면서 찾아오는 고독의 고통이다(참조: 제13장). 특히 부부 중 한 사람이 먼저 세상을 떠나면 그 고독감(孤獨感)은 더욱 커진다. 이를 극복하기 위해 많은 노인들이 경로당이나 파고다 공원과 같은 곳에 모여 무료하게 시간을 보내곤 한다. 그래서 나는 사정이 비슷한 노인들이 모여 하나의 이웃(조직체)을 형성하고, 함께 소일거리를 찾는다면 외로움을 해소하는 건설적인 방안이 될 수 있다고 생각한다. 그렇게 하면 단순히 시간을 보내는 것이 아니라, '선을 모아 뜻'을 이루며 의미 있는 노후를 보낼 수 있을 것이다.

이상에서 나열한 '노후사고'는 젊은 날에 있었던 것처럼 돈 받고 할 일이 있으면 모두가 동시에 해결이 될 수도 있다. 활기차게 일을 할 수만 있다면 우선 1)생기를 얻어 건강에 보탬이 될뿐더러 2) 돈이 생기는 동시에 3)이웃들과 새로운 인연 맺어가면서 4)생산적인 시간을 보낼 수 있기 때문이다.

10

노환(老患)과 건강관리

 노후건강(健康)

　노쇠현상은 노후생활의 행복을 크게 좌우하는 병고(病苦)는 노년에 흔히 맞닥뜨리게 되는 네 가지 고난(苦難) 중 하나이다. 노화로 인해 신체가 쇠약해지고 질병이 찾아오는 것이 노환(老患)이며, 이는 건강 관리의 주요 대상이 된다. 노쇠현상은 생명체의 필연적인 결과로, 심신의 기능 감소와 함께 다양한 질환을 초래한다. 그러나 노후생활을 힘들게 하는 대표적인 질환들—치매, 고혈압, 심장병, 당뇨병, 관절염, 골다공증 등—은 젊은이들에게도 어느 정도 나타나는 질병이다. 단지 나이가 들수록 발병률이 급격히 높아질 뿐이다. 이들 질병의 대부분은 만성적(慢性的)이며, 일부는 현대 의학으로도 완치가 불가능할 뿐 아니라, 여러 질환이 동시에 발생하는 경우가 많다. 따라서 일부에서는 노후건강은 생활 습관을 얼마나 규칙적으로 잘 관리하느냐에 달려 있다고 말하기도 한다.

　노년기에 주로 나타나며 노후생활을 가장 비참하게 만드는 병 중 하나가 알츠하이머병(Alzheimer's Disease)이다. 이 질환은 전체 치매(Dementia) 환자의 60~70%를 차지한다. 알츠하이머병은 노화에 따라 뇌의 신경세포가 손상되면서 발생하는 정신 질환으로, 초기에는 기억력 감퇴가 나타나고, 이후 우울 증세와 과격한 행동을 보이며 결국에는 일상생활조차 불가능해진다. 이 질병이 특히 가혹한 이유는 발병 후 사망까지 평균 6~8년이 걸리며, 심한 경우 20년 이상 지속될 수도 있기 때문이다. 세계보건기구(WHO) 2020년 통계에 따르면, 전 세계 치매 환자는 약 5천만 명으로, 65세 이상 인구의 약 6%가 이 병을 앓고 있다. 한국의 경우, 농촌 지역의 60세 이상 치매 환자 비율은 21%이며, 그중 약 63%가 알츠하이머병 환자로 분류된다. 미국의 경우, 85세 이상 인구의 50%가 알츠하이머병을 앓고 있으며, 75~84세 인구의 약 19%, 65~74세 인구의 약 3%가 이 병을 진단받은 것으로 보고되었다.

건강관리(管理)

발전하는 의술 덕분에 많은 질환이 어느 정도 치료될 수 있다고 하지만, 전문가들은 건강할 때 미리 건강을 철저히 대비하라고 조언한다. 노후건강은 나 자신을 위해서뿐만 아니라, 가족과 사회 전체를 위해서도 큰 의미와 책임이 있기 때문이다. 그래서 사람들은 병고(病苦)에 대비하는 방법으로 건강관리라는 인간이 할 수 있는 최선의 도전을 감행하며, 사람답게 잘 늙으려는(Well Aging) 노력을 한다.

노후건강을 관리하는 데는 대비책(對備策)과 대응책(對應策)이 있다. 전자가 연약해질 부분을 미리 알고 보안수단을 가하는 예방(豫防)수단이라면, 후자는 이미 망가진 부분을 치료하는 적극적인 치유방법이다. 이렇게 대처(Countermeasure)함으로서 우리는 현대의술로 완치 못하는 질환들을 노후의 동반자로서 함께 살아가게 된다.

그 대비책의 첫 순서는 전문 의료(醫療)인과 병실들이 모여 있는 도시주변에 새로운 주거지를 정하는 생각을 한번쯤은 하게 된다. 더러는 물과 공기 좋은 산천을 찾아가는 경우도 있다. 그 노후 근거지가 어디이든 믿을만한 '단골 의사'(Family physician) 한분은 반드시 찾아서 정해 놓아야한다. 그리고 그 분을 통해서 주기적인 건강 상담과 함께 전문의를 소개 받게 된다. 그러지 못하면 나의 아버님처럼 의사의 옷자락도 한번 만져보지 못하시고 40의 젊은 나이에 세상을 작별하게 된다. 그러한 의료혜택을 받으려면 의료보험이 없이는 불가능함으로 신용이 좋은 의료보험회사를 확보해야한다. 부양가족이 있는 경우는 그들의 장래를 위해 생명보험에 가입하는 것도 고려해야한다. 의료비용이 높은 미국에서는 정부의 건강보험(Medicare) 외에 또 다른 제2의 의료보험에 가입해야하는 필요성이 생긴다.

그 두 번째는 아마도 제3의 인생을 시작할 때 세밀하게 자신의 건강상태를 검증하는 건강진단일 것이다. 그 종합검증에서 노후 건강관리에 기본 자료가 될 6가지 건강수치(체질량지수, 허리둘레, 혈압, LDL-콜레스테롤, 당화혈색소, ALT) 등을 알게 된다. 내가 노후생활을 시작한 1990년대 초, 당시의 건강관리 중의 큰 관심사는 콜레스테롤과 '체질량지수'(BMI, Body Mass Index)를 파악하여, 식사습성과 운동관리를 규칙적으로 지속함으로서 비만과 만성질환 예방을 하는데 있었다. BMI는 자신의 체중(kg)을 신장(m)의 제곱으로 나눈 값으로 계산한다. 비만(肥滿)을 판정하는데 그 기준은 대한비만학회의 지침에 따르고 있다. 전문가들이 언급하는 체중조절 7대 원칙 중에서 건강관리상 가장 주목을 끄는 사항은 규칙적인 음식섭취와 적절한 운동이라고 한다.

저체중	〈 18.5
정상	18.5-22.9
위험체중	23-24.9
1단계 비만	25-29.9
2단계 비만	〉30

한국인의 체질량지수(體質量指數)
(비만치료지침 대한비만학회, 2009)

생활습관(習慣)

노인질환은 유전적인 요인도 얼마간 관여하지만, 대부분은 잘못된 생활습관에서 비롯된다. 생활습관을 바꾸는 것만으로도 고장이 생긴 몸을 회복시킬 수 있고 또한 몸 이상(異常)으로 생기는 마음의 병까지 고칠 수 있다는 것이다. 그래서인지 한국에는 개선해야 할 생활습관을 담은 '건강 10계명'도 여럿이 있다. 노후 건강관리의 교양강좌마다 생활습관을 강조하는 전문가들을 보면 우리는 곧 125세 세대에서 인생을 마감할 것만 같다. 유튜브 방송들은 건강관리의 이모저모를 경쟁적으로 방송하다가, 더러는 건강과 장수에 관한 저서들을 선전한다. 건강관리에서 생활습관의 비중이 얼마나 큰지, 매일 한 개를 먹으면 의사를 멀리 한다는 사과를 지금은 언제 어떻게 먹는 것이 더 효과적이라고까지 세밀하게 일러준다.

우리 모두가 바라는 건강관리로서의 생활습성을: 1) 식사, 2) 활동(活動), 3) 수면(睡眠) 그리고 4) 마음관리의 넷으로 나누어 생각해 본다.

1) 식사 관리: 노후의 식사는 먼 옛날부터 균형 있는 음식을 적게(小食), 천천히 잘 씹어서(서식), 정해진 시간에 하는 것이 좋다고 알려져 있다. 그러나 나는 90 평생 이 규칙을 지키지 못했다. 특히 소식과 서식 습관이 그렇다. 6.25라는 전쟁을 겪은 탓인지 그 습관들을 아직 버리지 못하여 스스로 민망하게 느낀다. 나는 남달리 식성이 좋은 탓인지 편식이 없고, 주어지는 그대로 늘 맛있게 그리고 즐겁게 먹는 편이다. 솔직히 말하면 나는 채식(菜食) 보다는 육식(肉食)을 좋아하는 탓으로 내 아내는 은퇴 후 지난 30년간 저녁식사만은 '육해공'(陸海空)의 순서로 메뉴를 되풀이 하고 있다. 나는 채식주의자라도 나이가 들면서 동물성 단백질 섭취가 더 필요하다고 생각하는 사람 중 한 사람이다. 그리고 담배는 절대적인 금물이나 음주(飮酒)는 식사의 한 부분으로 생각한다.

2) 운동(Physical exercise): 건강관리를 위해 근육활동이 관용(慣用)되기 시작한 것은 산업혁명 이후라고 한다. 영국의 버스 차장들이 운전기사들에 비해 심장질환이 훨씬 낮은 원인이 바로 활동이라는 조사연구가 1953년에 한 역학자(Jerry Morris, 1910-2009)에 의해 발표됨으로서 운동에 대한 사회적관심이 높아진 듯싶다. 오늘의 도시에는 육체노동의 기회가 없는 사람들을 위한 체육관(Gymnasium), 건강클럽(Health Club) 및 물리치료센터(Physical Fitness Center)와 같은 수많은 실내운동장에는 수영장을 비롯하여 달리기 등의 온갖 설비와 기계장치가 있다. 이러한 장비를 갖춘 근육운동기구들은 유람선 그리고 휴양지의 휴식처나 호텔에도 있다.

노후의 신체적 불행은 발과 다리에서 시작된다는 속담이 전해오고 있다. 발은 무거운 체중 전체를 지탱해야하는 주춧돌과 같은 것으로, 균형을 잃으면 걸음의 자유를 박탈당하게 된다. 이와 동등하게 '종아리 근육'은 혈액순환에 있어서 제2의 심장이라고도 한다. 그래서인지 의사들마다 건강클럽의 혜택을 얻지 못하는 사람들에게 매일 1만보(步) 걸음을 정기적으로 하라고 장려한다. 내 아내는 실내외를 막론하고 짬만 생기면 발꿈치를 올리고 내리는 '발목운동'을 열심히 한다.

얼마나 근감소증(Sarcopenia)에 효과가 있는지는 정확히 알 수 없으나, 이러한 물리적인 활동으로서 얻어지는 건강관리에는 비만예방 및 관리를 위시하여 암 예방, 혈압, 면역성 증가, 심장 및 정신질환, 골격 등등이 포함되어 있다. 이 모두는 근육활동에서 분비되는 호르몬 '마이오카인'(myokines)의 덕분이라고 한다. 이 근육 호르몬은 당뇨의 예방과 우울증을 제거하거나 스트레스를 푸는 효과까지 있다는 것이다.

---

* Jerry Moris, et .al.(1956). Coronary heart-disease and activity. BMJ. 2 (5111): 1485-1496.

3) 수면(睡眠): 건강의 큰 부분을 차지하는 잠(Sleep)은 양(量)과 질(質)로 평가한다. 양은 잠자는 시간(기간)이라면 질은 얼마나 깊은 잠을 자느냐에 있다. 충분한 잠은 평균적으로 7-8시간으로, 잠에서 깨어난 아침에 피곤하지 않고 낮에도 졸리지 않는다고 한다. 잠자는 시간은 충분한데도 시도 때도 없이 졸리는 경우는 잠의 질 탓이다. 충분한 수면은 피로회복, 에너지 보존, 기억, 면역, 감정조절 등의 역할을 하는데 반하여 충분치 못하면 몸이 무겁고 낮에도 졸음이 올뿐더러 기억력과 집중력의 감소, 심한 감정기복, 식욕이 증가하여 비대하게 된다. 잠은 노후의 커다란 병고인 노인치매(Alzheimer's disease)와도 관계가 있다는 연구보고가 있다(Kent and Mistlberger, 2017).

대한수민연구학회에는 아래와 같은 잠을 잘 자기 위한 기본 원칙이 있다.

* 매일 규칙적인 시간에 잠자리에 들고 일정한 시간에 일어나십시오.
* 잠자는 환경이 조용하고 환하지 않고, 너무 덥거나 춥지 않도록 하십시오.
* 매일 규칙적인 적당한 운동을 하십시오.
* 카페인이 들어 있는 음료나 음식을 피하십시오.
* 자기 전에 흡연이나 음주를 피하십시오.
* 자기 전 따뜻한 목욕은 도움이 될 수 있습니다.
* 배가 고프거나 과식을 피하십시오.
* 잠자리에서 시계를 보거나 휴대전화를 자꾸 보는 일은 잠을 방해합니다.
* 잠자리에서 TV를 보거나 독서를 하는 등의 다른 일을 하는 것은 잠을 방해합니다.
* 잠이 오지 않을 경우에는 차라리 잠자리에서 일어나서 다른 일을 해보십시오.
* 밤에 밝은 빛이 노출되지 않도록 하십시오.

---

* Kent B. A. and R. E. Mistlberger. 2017. Sleep and hippocampal neurogenesis: Implications for Alzheimer's disease. Frontiers in Neuroendocrinology 45: 35-52.

4) 마음관리(Mind Care): 사람의 지(智) 정(情) 의(義)를 움직인다는 마음이 늙어지면 노후생활은 웃음과 행복을 잃게 된다. 마음과 몸은 한 동전의 양면처럼 분리할 수 없는 탓인지, 육신의 병고와 함께 노쇠(老衰)해진다. 그러나 인생만사는 마음먹기에 따른다고 한다. 노후에 증가하는 두려움과 불안한 마음을 당당하고 담대하게 혹은 부정적인 마음 대신 긍정적인 생각, 끈기 없고 나태해가는 마음 대신 도전하는 열정, 화내고 짜증내는 불같은 성질 대신 여유 있고 편안한 마음으로 바꿀 수 있다면 얼마나 노후생활에 기쁨이 되겠는가? 마음가짐이 얼마나 중요하면 구약성서에서는 '마음을 다스리는 자는 성을 빼앗는 자보다 낫다'고 했을까(잠:16-32). 그래서 마음을 다스리는 과제도 건강관리의 한 부분이 되는 것이다. 한국에는 마음 다스리기 심리상담사가 있는가 하면 마음수련을 위한 유료 명상센터들이 있다.

노후생활에서 요구되는 절실한 마음관리 중의 하나는 열등감(Inferiority)이 아닌가 싶다. 노후에 생기는 연약한 부분들을 보안하려는 무리한 반응, 공격, 비행, 도피등과 같은 방어행동을 하기 때문이다. 구체적으로는: 1) 남과 끊임없이 비교하다 남을 탓하는 증오, 2) 자신의 소신, 열정, 원칙에 무관심, 3) 경쟁력을 키우기보다 위선적인 태도, 4) 근면이나 도전 대신 피해망상의 과거에 침체, 5) 창의와 투지력 대신 매사에 의존적이며 부정적으로 마음을 다스리지 못하면 마음병에 걸리게 된다. 그 하나인 화병(火病)은 억울한 마음을 오랫동안 다스리지 못한 탓으로 생기는 생리기능의 장애와 더불어 가슴이 답답하여 잠을 설치게 되는 노환의 하나이다.

노인성치매(Senile Dementia)

정상적이던 지능(知能)이 나이가 들면서 두뇌세포가 퇴행(退行)함으로 나타나는 지적질환을 노인성 치매(癡呆)라고 한다. 심한 건망증(健忘症)과 기억력의 상실을 비롯하여 이해력과 시공간(視空間)의 판단력까지 저하되어 길을 잃고 헤매기도 한다. 전 치매환자의 60-70%는 알츠하이머병(Alzheimer's disease)으로, 한 단백질(beta-amyloid)에 의해 신경세포가 손상되어 발생하는 뇌질환이다. 이 노인질환이 주는 가혹한 것은 아직 특별한 치유법이 없는데 이어 발병 후 사망에 이르는 기간이 평균 6-8년이고, 심하면 20년이 넘는 경우도 있다는 것이다. WHO의 집계(2020)에 따르면 세계적인 치매환자는 약 5천만 명으로, 65세 세계노인의 약 6%가 된다고 한다.

2021년에 발표된 노인치매의 역학(Epidemiology) 조사연구(Javaid 외 3인)에 따르면 '알츠하이머' 환자가 세계적으로 가장 많은 나라는 일본으로 인구 10만당 3천이 넘었다(표 10-1). 일본의 경우, 보다 놀라운 것은 치매환자수가 1900년과 2019년의 120년 4배 가깝게 증가한 사실이다. 아시아에서 일본 다음으로 많은 나라는 한국으로 유럽의 평균보다는 낮으나 세계 평균에 비해 훨씬 (67%) 높았다. 미국의 치매환자는 600만 명으로, 노인인구(65세 이상)의 약10%에 해당한다고 한다. 한국어 '현대뉴스'에서는 2025년에도 50만의 새로운 환자가 발생할 것이라는, 한 의료연구학회지(Nature Medicine)의 온라인 보고서를 인용한 기사가 있었다(Hyundae News, USA, 1월 22일 2025).

나라	치매환자
세계 평균	667
구라파 평균	1,493
독일	1,863
쏘련	1,150
일본(1900)	772
일본	3,079
한국	1,119
중국	924

[표 10-1] 2019년 알츠하이머 환자 수(인구 10만 명당)

---

* Javaid S F, et al.(2021).. Epidemiology of Alzheimer's disease and other dementias: rising global burden and forecasted trends. https://doi.org/10.12688/f1000research.50786.1).

치매에 걸린 확률은 75세 이후에 급증한다고 한다. 나이가 들수록 그 위험성이 높아지는데, 75세 미만에서는 4%, 75-85세 사이는 20% 그리고 85-95 에서는 42%로 증가한다. 일반적으로 남성에 비해 여성 그리고 도시인에 비해 농촌치매가 높다고 한다. 치매의 진단은 혈액 검사 혹은 MRI 촬영 등으로 가능하지만 아직 완전히 치료되는 방법이 없다는 것이다(Winkelman 등, 2023). 따라서 건망증, 우울증 그리고 노인성치매에 대한 상식이 필요하다. 치매에 걸릴 위험성은 연령 외에도, 문헌에 알려진 원인에는 1) 유전적 요인, 2) 당뇨, 고혈압, 비만 등등의 노환, 3) 운동과 수면 부족, 4)불균형한 식사 생활, 5) 주거 환경, 6) 스트레스와 같은 정신건강 등이 포함되어 있다.

---

* Winkelman M J, Szabo A, Frecska E (2023). The potential of psychedelics for the treatment of Alzheimer's disease and related dementias. European Neuropsychopharmacology. 76: 3-16.

11

무엇으로 살 것인가?

 재정적 기반

노후생활의 행복을 방해하는 두 번째 요인은 경제적인 준비가 얼마나 잘 되어 있느냐에 있다. 경제적으로 자유롭지 못하면 활동적인 노후생활을 할 수 없기 때문에, 노후에는 돈보다 더 귀중한 것은 없다고 한다. 오늘의 산업사회에서 관행하고 있는 노후준비는 '자체책임'으로 변해가고 있기 때문이다. 농경사회의 대가족제도와는 다르게, 더 이상 자식들 누구에게도 의존할 수가 없다는 뜻이다. 그럼으로 노후에 소요되는 온갖 재정적 부담은 전적으로 제2의 인생에서 준비한 것으로 대비해야만 한다.

그래서 사람들은 각기 나름대로 근검절약(勤儉節約)하여 저축에 일념하게 된다. 그 저축의 시작은 빈손일수록 어렵다고 한다. 그러나 한국은 빈손으로 한강의 기적을 이룬 도전과 투지력을 지닌 사람들의 나라이다. 그들의 한때는 보릿고개의 '흙수저'였지만 근면과 절약으로 끊임없이 재산을 늘려 지금은 자부심을 지닌 '금수저'로 변했다.

노후를 위한 저축은 그 시작이 빠르면 빠를수록 좋다고 한다. 미국의 한 신문(Wall Street Journal, 2021. 12. 16.)에는 기본금 $1000을 시작으로 매월

$300씩 저축하여 년 3%의 이자(利子)를 가산하면 40년 후에는 $347,000이 되는데 반하여, 같은 조건으로 30년을 저축하면 $205,000에 불과하다는 기사가 있었다. 여기 30년과 40년간의 10년으로 얻어지는 차이는 169%이다. 같은 신문기사가 보여주는 미국인의 연령별 저축률은 다음에서와 같이 20대에 시작하는 저축률(39%)이 가장 높았다.

연령	저축률
20세 이하	8%
20-29세	39%
30-39세	26%
40-49세	15%
50-59세	6%
60세 이상	2%

 재정적인 청사진

빈손으로 시작한 가정이지만 점차적으로 자리를 잡아가는 가산(家産)의 실태는 자주 점검할 수밖에 없게 된다. 특히 현업을 떠나는 시기가 가까워 올수록 더 자주 그리고 더 세밀하게 다음과 같은 재정적 실상을 파악해야만 한다. 나 역시 퇴직을 앞두고 은퇴 상담사로부터 같은 질문을 받은바 있다.

1) 주택 저당금(Mortgage) 미불 잔액
2) 부양가족 외에 부담해야 할 가족들의 보조비(부모님, 자녀, 친척)
3) 기타 채무금
4) 퇴직 후 정규적인 고정수입(연금, 금융자산의 이익 배당금, 기타)

이렇게 가산의 실상을 점검하면서 수입과 지출을 분석하고, 기대 수명을 고려하여 삶의 '총괄예산'(Life Budget)을 수립함으로써, 노후의 날들에 대한 계획을 세운다. 이를 통해 노후생활에 대한 청사진(Blue Print)을 마련하는 것이다. 그 설계도에 나타난 것이 얼마든 잘 관리하여 합리적으로 알뜰하게 쓰는 절제가 필요하게 된다. 전문가들에 따르면 주택 저당금을 포함한 채무금이 없을 경우, 노후의 고정수입이 퇴직 전 수입의 약 3분의 2 정도면 편안한 노후생활을 할 수 있다고 한다. 그 청사진에 부족한 것이 있으면 보충하기 위한 계획이 불가피하게 된다. 현직에 더 머무를 수가 없으면 다른 일자리를 모색할 수밖에 없다는 것이다.

그와 반대로 총괄 예산에 여분(餘分)이 있다면 필요한 사람들에게 필요할 때 미리 나누어 주는 것이 현명한 처사일 것이다. 감미로운 생활은 저축한 것이 많다고 이루어지는 것만은 아니고, 오히려 필요 이상으로 많으면 마음을 더 고달프게 하는 경우도 흔하다. 비축된 가산이 충족하다고 판단되면 적당한 시기에 퇴직하고 가족들과 더 많은 시간을 보내는 지혜로운 선택도 있다. 노후자금이 충분함에도 불구하고 물욕 때문에 퇴직을 계속 미루다가, 나이가 더 들어 예기치 않은 변고를 당하면, 그 늘어난 재산은 정작 자신은 써보지도 못하고 남의 것이 되고 만다. 이를 두고 한국 속담에 '죽 쒀서 개 준다'는 말이 있다.

 홀가분한 시작

퇴직한 후 남에게 갚아야할 빚이 남아 있으면 홀가분하게 노후생활을 시작할 수 없다. 오늘날 대부분의 도시인은 은행에서 돈을 빌려 내 집을 마련하는데, 이 월부금을 현직에서 은퇴하기 전에 완납하는 것이 이상적이다. 만약 완납하지 못하면, 그만큼 노후의 고정 수입이 줄어들어 경제적 부담이 커지게 된다. 채무(Debt)로부터 자유스러워지기 위해서는 흔히 큰 집을 팔고 작은 집 혹은 큰 도시에서 작은 도시로 이주한다. 그런 방법으로, 월부로 구입한 자동차 등 다른 금전적 부담(Obligation)에서 해방되는 홀가분한 노후를 설계해야 한다.

홀가분한 노후생활에 피할 수 없는 걸림돌은 부모형제와 자녀들이다. 사정에 따라서 재정적으로 도움을 주는 것은 당연하다. 그러나 그 도움이 얼마가 되던 반드시 매월 정기적으로 수입되는 고정 생활비로 도와야 한다. 노후에 남을 돕는 데는 다음과 같은 두 종류의 원칙을 엄수하는 것이 불가피하다고 전문가들은 말한다. 그 첫째는 자기노후를 위해 마련한 유일한 주택(Primary home)을 매각하거나 혹은 그 주택을 담보로 얻은 은행돈으로 돕는 사례이고, 둘째는 빚보증을 수락하는 경우이다. 이는 마치 탑승한 비행기에서 산소 호흡기를 사용해야 할 때 자신이 호흡기를 먼저 흡착하지 못하면 동승한 아기를 도울 수가 없는 처지와 비슷한 원리라 하겠다.

한국사회는 핵가족 제도로 변했다고는 하지만 부모님의 자녀에 대한 애착은 지나치게 후(厚)하다고 한다. 초등학교시절의 과외공부를 시작으로 대학의 학비를 포함하여 취직이 될 때까지의 뒷바라지 모두를 부모가 부담을 한다. 뿐만 아니라 흔히들 자녀결혼식 그리고 출가하는 자식들의 거처까지 마련해 준다. 취직이 여의치 않으면 더러는 몇 달이고 몇 년이고 부모에게 얹혀산다. 이렇게 부모님의 과잉보호로 자라나는 한국인들을, '맞아 죽을 각오로 저술한 한국인의 비판(1999)'의 일본인 저자 이케하라씨는 '망나니로 키운 온실 속에서만 자라는 떡잎'이라고 칭하였다. 그런 이유 때문인지, 한국의 빈곤층 노인들 중에는 자식들을 뒷바라지하느라 정작 자신의 노후대비를 제대로 하지 못한 경우가 허다하다.

위에서와 같은 한국 부모님의 후한 보조는 서양사회에서는 극소수의 특별한 경우를 제외하고는 거의 볼 수 없다. 미국의 경우 대학생의 약 70%는 부모의 도움 없이, 정부의 학생융자(Student Loan) 프로그램에서 졸업 후 상환하는 조건으로 돈을 빌려 진학한다. 그 학자금 대출을 받은 학생(2019년 기준)의 수는 총 4,290만 명으로, 학생 1인당 평균 대출 금액은 $30,000이라고 한다. 미국 문화권에서 살면서 나 자신도 아들들이 부모(아프리카)를 떠나 객지(미국)에서 진학을 한다는 이유로, 한국적인 아버지의 구습을 벗어나지 못했다. 그리하여 아들의 학비를 대학을 마칠 때까지 충당했다. 그러나 그들이 학업을 끝난 다음날부터는 자기들의 앞날(결혼, 정착 등)에 금전적인 보조는 일절 없을 것이라고 사전에 일러주었고 그리고 그대로 이행하였다.

고정수입(Fixed income)

노후에도 현업에 있을 때의 월급처럼 매월 정기적으로 수입되는 일정한 금액이 고정수입이다. 제2의 인생에서 근면 절제하여 비축(備蓄)한 결실이라 하겠다. 그 비축(Saving)하는 방법은 사람마다 다를 것이나 비축한 형태는 크게 나누면 부동산(不動産)과 금융자산(金融資産)이다. 노후에도 두 형태 모두 얼마나 관리를 잘 하느냐에 따라서 증식(增殖)이 된다.

부동산은 동양인들이 선호하는 가산 축적방법이다. 그래서 한국의 상류층에는 다주택 소유자가 많은지 모른다. 주로 상가나 아파트를 구입하여 대여(貸與)함으로서 정규적으로 수입을 얻는다. 더러는 여러 세대(다세대)가 거주할 수 있는 단독주택을 구입하여, 여분은 대여함으로서 얻어지는 월세가 노후생활의 고정수입에 보탬이 된다. 노후자금이 부족하게 되면 그 주택을 담보로 금융기관에서 일정 기간 일정 금액을 연금(年金)식으로 지급받는 장기 주택저당 대출 혹은 역 모기지 론(Reverse mortgage loan)을 인용한다. '역 모기지'란 주택은 있으나 소득원이 없는 경우, 고령자가 주택을 담보로 사망할 때까지 자택에 거주하면서 생활자금을 연금 형태로 지급받고, 사망하면 금융기관이 주택을 처분하여 그동안의 대출금과 이자를 상환 받는 방식이다. 부동산은 금융 자산에 비하여 현금상황(Liquidation)에서 많은 시간이 소요되는 불편이 있다.

금융자산이란 은행에 저축한 예금을 비롯하여 각종연금(Annuity)에 비축되어 있는 금전을 말한다. 1987년에 제정된 한국의 국민연금(國民年金) 제도는 국민이 나이가 들어 생업에 종사할 수 없게 되거나 불의의 사고로 사망 또는 장애를 입었을 경우 안정된 생활을 할 수 있도록 하는데 그 목적이 있다.

최초의 가입 대상자는 10인 이상의 기업체에 제한되어 있었으나, 그 범위가 넓어져 1995년에는 농어촌의 주민들에 이어 1999년에는 도시 지역에 확대 적용됨으로서 전 국민이 가입하게 되었다. 그리하여 오늘의 국민연금은 특별연금법에 적용되는 공무원, 군인, 사립학교 교직원을 제외한 18세 이상 60세 미만의 국내 거주국민은 누구나 정기적으로 일정액을 연금공단에 납부함으로서 노후생활에 고정된 수입을 받게 된다. 마침내는 2004년에 건강보험에 확대됨으로서, 국민연금제도는 1935년부터 실행되고 있는 미국의 사회보장제도(Social Security)와 유사한 면모를 갖추어 가는 것 같다. 다만 그 연금 수령액이 매우 적다는 것이 문제이다.

국민연금 외에도 노령 소득보장을 위한 경로(敬老)연금이 있는가 하면 근로자들이 자의로 급료 일부를 저축하여 노후에 고정수입으로 얻어지는 퇴직연금(退職年金), 또는 근로소득(勤勞所得)의 과세 대상인 피고용자들을 위한 연금제도 등도 있다. 미국에도 이와 유사한 연금제도가 있다. 이를테면, '401(k)'로 알려진 연금은 기업체의 고용인이 자율적으로 월급의 일정액을 적립하면, 기업체가 이에 일정 금액을 추가로 부담하여 함께 불입한 후, 노후에 연금 형태로 지급받는 제도이다. 이와 비슷한 403(b)는 종교기관(성직자)을 포함한 각종 비영리단체의 고용인들을 위한 연금제도가 있다. UN 산하 23개 기구의 종사자들을 위한 은퇴연금도 미국의 401(k)제도와 비슷하다.

이렇게 연금제도는 나라마다 각기 다른 이름으로 운영되지만, 따지고 보면 갹출(醵出) 형태이다. 즉 고용인과 고용주가 같은 목적을 위해서 각기 출자를 하여 자금(資金)을 구축한다는 뜻이다. 이와 같은 갹출 혜택은 없지만 금융시장에는 고정된 은퇴자금을 제공하는 무세(無稅) 및 보험형태의 상품들도 허다하다. 이 모든 자금들은 투자전문가들에 의해 직접 혹은 간접적으로 주식시장(Stock market)의 다양한 기금(Fund)에 투입되어 증식(增殖)을 이루게 된다. 이것이 바로 자본주의 체제의 시장경제의 특성이라 하겠다.

주식(株式)거래

　내가 퇴직한 1990년대에는 소액 금융자산의 대부분은 금리(Interest)를 목적으로 은행에 예치해 놓은 예금(預金)이었다. 부동산에 투자할 만큼 큰 금액이 아닌 소액 자금이나, 현직을 떠나면서 받은 퇴직금 등이 이에 해당한다. 지난 30년간 계속 은행이자가 낮아지면서 더 많은 사람들이 주식시장(Stock market)에 관심을 갖게 되었다. 미국의 경우 증권시장에 직접 투자한 가정 수는 약 19.6%(2007)로, 평균 투자액은 $14,778-17,000정도라고 한다. 같은 해 은퇴자금을 위한 주식소유는 전 노인가구의 52.6%였고, 그 평균 투자액은 $45,000이었다.

　주식거래란 기업의 자본을 이루는 단위로서의 주식(株式)을 주식거래회사(證券社)를 통해 구입했다가 언제든지 매각하는 특이한 상품거래이다. 한 회사의 주식을 소유함으로서 그 기업의 주인이 되는 셈이다. 은행예금이 벌어오는 금리(金利)는 고정되어 있는데 반하여 주식거래에서는 구매한 주가(株價)가 상승하면 이득을 얻게 된다. 주가는 수요공급의 원칙에 따라 늘 '널뛰기'처럼 오르내리지만 장기적으로는 상승하기에 사람들이 주목한다. 여기에 주식거래(Transaction)의 기술과 묘미가 있는 것이다. 그 이득을 위해 다른 사람들이 매각하여 시세가 내릴 때 구매를 하고, 매각은 다른 사람들이 구매하여 가격이 상승할 때 이익을 챙기게 된다.

　2016년 현재 세계적으로 60개의 증권시장이 있는데, 그 중 16개는 시장규모가 $1조(Trillion) 이상이라고 한다. 1792년에 시작한 뉴욕증시의 시장총액은 $26.2조에 비해 1956년에 출발한 한국증시(KOSPI)는 $2.3조에 불과하다. 그러나 상장(Listing)한 회사(1,445)수는 별로 큰 차이가 없는 것 같다. 아마도 1992년부터 KOSPI에서 외국인의 주식투자를 허용한 탓이 아닌가 싶다.

　주식거래의 초년생들은 대부분 금융시장의 전문가인 중개인(Broker)을 통해 수동적으로 시작한다. 그 시작은 중개인이 추천하는 이름 있는 한 증권회사에다

계좌(Account)를 신설하고, 중개인의 추천에 따라 투자자금을 분산하여 몇 개 회사의 주식 혹은 전문자산 운용회사의 뮤추얼펀드(Mutual fund)를 구매한다. 이 외에도 금융회사들마다 연금(Annuity) 혹은 채권과 같은 다양한 펀드(fund)가 있다. 그 펀드들 중에는 일정한 금액을 장기적으로 위탁하고 고정적으로 연금처럼 이윤혜택을 지급하는 것도 있다. 어느 경우나 중개인을 통해 금융거래를 할 경우에는 매번 액수에 따라 지불해야하는 수수료가 적지 않다. 그러나 언제부터인가 사람들은 개발된 금융시스템의 전산망을 통해서 방안에서, 수수료 부담 없이 할 수 있게 되었다(참조: 제21장).

금융시장에는 노후자금을 투자하려는 초년생들이 가르침을 받아야하는 교육지침 셋이 있다. 그 첫째는 분산(Diversification)이라는 원칙으로, 같은 소액의 금액이라도 쪼개서 가능한 여러 회사(분야)의 주식 혹은 펀드 등으로 나눌 것; 둘째는 은행의 예금과는 달리 주식시장과 같은 금융거래에는 법적 보호가 없음으로 부도(Bankruptcy)와 같은 파산 가능성을 염두에 둘 것; 셋째로 주식의 주가를 비롯한 모든 금융시장의 활기는 국내 외의 정치사회와 경제상황에 따라 민감하게 변동하는 근본 속성이 있다(참조: 제21장).

종신(終身) 용돈벌이

주식거래는 100세까지도 계속할 수 있는 평생 용돈벌이가 될 수 있는 여건을 지니고 있는 것 같다. 그 첫째 이유는 주식의 매매를 증권회사의 창구에 찾아가지 않고 전산망을 이용하여 방안에서 인터넷, 피시(PC)통신, 핸드폰, 일반전화를 통해서 할 수가 있기 때문이다. 주식거래는 시장(Market)이라는 실질적인 장소 밖에서 모형도 형태도 없는 숫자에 불과한 상품을 매매하는 행위이다. 그럼으로 컴퓨터에 가입되어 있는 증권사와 계좌번호를 설치하면 대부분의 국내외 주식을 무료(無料)로 수시로 그리고 무한정하게 사고 팔수 있다. 그 매매도 시장가격 혹은 자기가 원하는 가격(Limit)으로 가능하다. 주식이 매각되면 즉시 자동적으로 계좌의 한 모퉁이(Money market)에 입금되었다가 다음 기회에 주식을 구매하면 빠져 나가게 된다. 그 모퉁이에 있는 금전은 은행의 당좌예금계좌(Checking Account)의 현금과 같은 것으로 수표(Check)로서도 사용이 가능하다.

두 번째 이유는 증권사에서 컴퓨터를 통해 제공하는 서비스(Brokerage services)에는 각종 주식이나 채권(Bond)등의 전모(Whole picture)를 보여주는 재료(Data)들이 무진장하다. 주식의 경우 '상장 지수펀드'(ETF, Extended Trade Fund)는 유사한 업계(Trade) 회사 여럿을 하나로 묶은 것으로 전문가에 의해 운영되는 뮤추얼펀드와도 유사해 주식거래 초보자나 노후투자자들에게 매우 이상적이다. 왜냐하면 한 ETF를 구매하면 8-12여개 비슷한 업종회사의 주식을 소유하는 것으로, 분산원칙을 따르는 격이 되기 때문이다. 예컨대 종목이 다른 ETF 4개를 매수하면 분야가 다른 40-50여개의 회사지분을 소유하는 셈이다. ETF는 뮤추얼펀드와는 달리, 일반 주식처럼 시장이 개장하면 수시로 변하는 주가변동을 알 수 있어서 좋다. 채권에도 ETF와 비슷한 ETN(상장 지수증권)이 있다.

세 번째 이유는 주식 매매에서 중요한 결정(어떤 주식을 얼마에 매수·매도할 것인가)을 내리는 데 있어, 증권사의 창구나 중개인의 조언을 넘어서는 정보를 무료로 집에서 컴퓨터를 통해 쉽게 얻을 수 있기 때문이다. 다음은 주식 거래에 도움을 주기 위해 각 증권사의 증권연구센터(Stock Research Center)에서 제공하는 자료들이다. 이러한 연구자료들을 참고하며 조심스럽게 구매한 상품(주식)이 됨으로, 어떻게 널뛰기를 하고 있느냐 그리고 어디서 번 돈이 얼마가 있느냐를 주기적으로 재검(再檢)하게 된다. 기다렸든 기간에도 열매를 제대로 맺지 못하면 특별한 경우가 아니면 과감히 그리고 미련 없이 대치를 하게 된다.

1) 회사의 단면상(Profile);
2) 개별적 가격변동을 도표: 지난세월(10년간까지)의 경향(Tendency) 그리고 유사한 다른 여러 주식 및 펀드와 비교;
3) 분기별 예측(Estimates)과 실적;

4) 10등급으로 된 종합 평가점수(Equity Summary Score);
5) 3단계 기간(2주-2년)으로 구분된 공업분석(Technical Analysis);
6) 5단계로 구분된 회사 기본실태 4가지(가치, 질, 성장, 금융자산) 분석;
7) 3단계로 구분된 거래를 추천하는 평가 회사들의 연구보고;

12

늘어나는 노후시간의 대비책

 늘어난 노후시간

　장기수명 탓으로 길어지는 노년기의 여가(餘暇)는, 건강과 재물 다음으로 노후 생활의 행복을 좌우하는 세 번째 걸림돌이다. 그 여가 시간이 100세 시대에서는 최소한 30-40년이 될 것이라고 한다. 조기은퇴를 하게 되면 그 기간은 그 이상이 될 수도 있다. 이렇게 늘어나는 노년기는 개인적으로는 물론 국가적으로도 큰 관심사가 되고 있다. 길어지는 노년기에도 하고 싶은 활동을 신나게 할 수 있다면 노후생활의 매일은 생기가 넘치게 된다.

　노후시간은 국가적으로는 훈련된 고급인력(Manpower)이 개인적으로는 한 삶을 의미 있게 마감하는 소중한 마지막 기회이다. 그래서 그 늘어나는 노후시간을 어떻게 효율적으로 보람 있게 보내느냐 하는 준비가 필요하다. 그 준비를 못하면 노후생활은 갈 곳도 와달라는 곳도 없는, 하루가 한해와 같이 지루한 감옥(Prison) 같은 삶이 되고 만다. 활동할 일 없이 어찌 그 긴 노후를 보낼 수 있으리오! 인간도 다른 많은 동물들처럼 잠자는 휴식을 제외하고는 무엇인가를 위해 육신의 활동을 계속해야만 하는 존재이기에 더욱 그러하다.

　퇴직이라는 관례의 구속을 받는 월급쟁이들과 달리, 특별한 재능(Talent)을 가진 예술가들을 포함한 자영업자들에게 노후의 시간은 금은보화와 같으며, 다만 이를 적절히 활용하는 지혜가 필요할 뿐이다. 6.25 전쟁의 참담했던 시절 시계수리로 온 친척들을 먹여 살린 나의 다섯째 숙부님은 60이 넘어서는 라이온스 클럽 회원이 되어 친구들과 함께 해마다 해외여행을 하셨는가 하면 골프 운동까지 즐기시다 별세 하셨다. 내 백인 치과의사는 은퇴하기 몇 년 전부터 매년 여름 두 달 동안 아프리카(소말리아)에서 봉사 활동을 해왔다. 그러다 65세에 은퇴한 후에는 거의 그곳에 정착하다시피 하며, 밤에는 취미로 그림을 그려 전시회까지 열면서 바쁜 노후생활을 즐기고 있다.

노후의 소일(Pastime)거리에는 크게 두 가지 유형이 있는 것 같다. 첫째는, 노후에 주어진 시간을 단순한 여가(Leisure)로만 여기며 소극적으로 보내는 부류이고, 둘째는, 이 세상에서 살아온 것에 대한 감사함을 느끼며, 국가와 사회를 위해 의미 있는 무언가를 할 수 있는 마지막 기회라고 생각하는 적극적인 부류이다. 어떤 방식이든 활동 자체가 유익하다면, 이는 건강에 도움이 될 뿐만 아니라 새로운 사람들을 만나게 해주어, 노후의 외로움 대신 즐거움을 선사한다. 특히, 그 활동이 사회봉사처럼 생산적인 것이라면, 사람들로부터 '멋진 노인'이라는 존경과 칭찬을 받게 될 것이다.

준비 없는 여가시간

월급쟁이들에게 퇴직 다음 날 아침부터 찾아오는 노후의 여가(餘暇)는, 그동안 요란하던 전화벨 소리가 조용해진 것에서부터 실감하게 된다. 처음 며칠, 혹은 몇 주 동안은 그 조용함이 나쁘지 않게 느껴질 수도 있으나, 시간이 지날수록 점점 더 인생의 허탈감(Prostration)과 허무감이 밀려오기 시작한다. 그래서 사람들은 옛 친구들, 교우(校友), 향우(鄕友)들을 찾아가 함께 식사를 하며, 자식 자랑을 시작으로 서로의 이야기를 나누는 만남을 반복하게 된다. 또한, 같은 직종에서 함께 일했던 직장 동료들끼리 무리를 지어 무료 전철을 타고 온천 여행을 가거나, 크고 작은 단체를 만들어 국내외로 여행을 떠나기도 한다.

경제적으로 노후준비를 제대로 하지 못한 노인들에게 노후시간은 더욱 심각한 사회적 복지 지원을 요하게 된다. 이러한 이유로 한국에서는 노인들이 모여 여가를 즐길 수 있도록, 오래전부터 정부가 '노인정'(경로당)을 만들어 운영해 왔다. 한국 사회가 노령화 사회에 이르기 20여 년 전에도, 경로당을 이용하는 노인의 수가 이미 100만 명을 넘었다고 한다. 나의 장모님도 별세하시기 몇 년 전까지, 경로당에서 친구들과 어울리며 여가 시간을 보내셨다. 경로당마다 다양한 프로그램이 운영되고 있는데, 나의 대학 친구 한 명은 지난 10여 년간 매주 이틀씩 노인들에게 일본어를 가르치며 노후여가를 보내고 있다. 그러나 내가 한국을 방문할 때마다 서울 파고다공원에 운집(雲集)해 있는 많은 노인들을 볼 수 있다. 아마도 그들은 노인정(경로당) 프로그램에 익숙하지 않거나, 그 프로그램들이 자신의 수준에 맞지 않는다고 느끼는 것인지도 모른다. 어떤 이유에서든, 그들의 모습은 오늘도 어제처럼 밝지 않아서, 활기차고 생기 있는 표정을 찾아보기 어려운 현실이 안타깝기만 하다.

퇴직 후 늦게 미국에 이주하여 북 가주(California)에서 이민생활을 시작한 나의 경우도 노후여가에 대한 준비가 전무했다. 이곳에는 경로당이 없는 터라 가장 쉽게 할 수 있는 유일한 소일거리는 역시 친지들과 함께 여행하는 것이었다. 당시 미국에는 수없이 많은 골프장을 겸한 각종 유흥지(Resort)가 만들어지고 있었는데, 그중에는 한국의 콘도처럼 시분할(Timeshare) 방식으로 운영되는 시설도 많았다. 이에 더하여, 10여 명이 숙박할 수 있는 '트레일러(Trailer)'와 같은 다양한 형태의 '이동식 가옥 차량'(RV)이, 노후여가를 즐기려는 퇴직자들에게 큰 인기를 끌고 있다. 2022년 기준 미국에는 1,100만 대 이상의 RV가 존재한다는 통계를 보면, 미국에서 가장 인기 있는 노후의 소일거리는 여행임이 틀림없어 보인다.

여행 외에도 노후에 친지들과 함께 하는 골프운동은 이보다 더 이상적인 소일거리는 없다고 한다. 그래서 우리부부도 교회에서 만난 가족들을 따라 이웃나라(Mexico, Canada)에 골프여행을 하면서 노후의 여가시간을 여한 없이 보내곤 했다. 당시 이 지방에는 은퇴한 노인들 스스로가 조직한 수개의 단체 골프여행 프로그램이 있어서 우리도 그들에게 매혹되어 수차례 계속했었으나, 그 어느 하나도 수년을 계속하지 못하고 중단되고 말았다. 모두가 같은 방법의 프로그램에 싫증으로 여행을 포기한 탓이었다.

한국의 엘리트들도 늘어나는 노년기에 대한 준비는, 일반 월급쟁이들과 크게 다르지 않은 것 같다. 그런 이유 때문인지, 퇴직 후 찾아온 여가를 아무런 계획 없이 그럭저럭 보내다가, 결국 싫증나고 지루(Boring)해져 더 이상 참을 수 없게 되면, 다른 소일거리를 찾아 나서는 경우가 많다. 처지에 따라서 좀 차이는 있겠지만 더러는 아파트 단지의 관리인이 되기도 한다.

최근 한국사회의 엘리트들에게 가장 인기 있는 소일거리는 정사(政事)와 인연을 맺는 것이 아닌가 한다. 왜냐하면 그 일에 참여하면 연령과 같은 제한을 받지 않고 종신토록 계속할 수 있기 때문일 것이다. 그런 탓인지 오늘의 한국정가(政街)는 법조계와 언론계 출신들을 위시한 온갖 지성인들의 노후 은신처가 되고 있다. 그들은 변호사 혹은 정치평론가로서 활동을 하는가 하면 더러는 직접 정치판을 오고가면서 철새가 되기도 한다. 대학의 원로 교수들 중에는 어용(御用) 학자가 되어 자신의 이익을 위해 권력자에 영합하는 경우도 있으며, 때로는 사자성어(四字成語)를 만들어가며 억지로 노후여가를 보내는 경우도 있다.

🐝 생산적인 소일거리

나는 한국이 복지국가로 탈바꿈하기 위해서는, 계속 늘어나는 엘리트들의 노후기간을 얼마나 생산적으로 활용(活用)할 수 있느냐에 달려 있다고 생각한다. 이는 다음과 같은 여러 이유 때문인데, 그 활용은 정부 정책이 우선되어야 하겠지만, 이를 집권자들에게만 의존할 수는 없다. 따라서, 은퇴한 지성인들이 자발적으로 뜻을 모아 크고 작은 모임을 결성하고, 국회나 정부의 손길이 부족하거나 아직 미치지 못한 부분을 스스로 찾아 도와줌으로써, 단순한 노후여가를 위한 소일거리를 넘어 사회에 기여할 수 있는 의미 있는 일거리를 창출해야 한다.

(1) 노후의 여가시간이 20-30년이라고 해도 제2의 인생(생산기간)의 최소한 2-3분의 1 정도에 이른다;
(2) 노후인력은 제2의 인생에서 수련되고 경험이 쌓인 양질 고급인력이다;
(3) 복잡한 고용계약 없이, 저 임금이나 수의계약으로도 고용이 가능하다;
(4) 퇴직금이나 퇴직연금 등의 자금을 필요로 하지 않다;

1) 엘리트 조직체: 결합된 개성과 긍지(矜持)가 삶의 근본이 되는 지식인들에게 학문은 끝이 없는 일념(一念)이라고 한다. 이런 뜻에서, 특정 분야에서 훈련되고 경험이 있는 은퇴 지식인들이 분야별로 두뇌집단(Think Tank)과 같은 조직체를 만들어 선후배가 함께 뜻을 모으고, 국가 대계를 위한 전략(Strategy)적 연구와 창도(唱導)를 학문적 사명으로 삼아 꾸준히 공부하며 고취(鼓吹, Advocacy)할 수 있다면, 얼마나 멋진 노후 소일거리가 될 것인가? 뿐만 아니라, 한국 지성사회의 약점인 조직력을 쇄신하고, 은퇴로 인해 중단되는 학문의 일념을 지속함으로써 인류 복지에 기여할 수 있다는 점에서 지식인의 본분을 다하게 된다.

어떤 시대든 국가와 민족의 100년 대계를 설계하는 데 있어 편견 없는 엘리트들의 경험과 지식은 필수적이다. 오늘의 한국과 같이 국가정체성이 분열되거나 사회질서가 혼돈된 사회는 지식인들의 공정성이 더 불가피한 것 같다. 지식과 학문으로 조직된 그들의 정의로운 촛대가 필요로 하는 분야는 자주국방 외교나 환경보호만이 아니라 올바른 역사인식에서부터 저 출산에 이르기까지 다양하다. 노후에 특별한 소일거리가 없는 국내외의 한국 원로 석학들에게는 감당하기 어려운 분야가 거의 없을 것이다. 이러한 지식인들의 조직체는 비영리 단체로서 젊은 엘리트들에게는 큰 관심을 끌지 못한다. 왜냐하면, 입신(立身)의 기회가 주어지지 않을뿐더러, 온전히 정치적 영향을 배제한 채 학문의 원칙과 기본 원리에 따라 서원에서 공부해야 하기 때문이다.

한 창업자의 상품이 시장에서 유행 되듯이, 두뇌집단도 사회각층으로부터 믿음을 얻어 집권자들에게까지 현명한 조언자(Mentor)가 된다면 위험한 '직관'(直觀, Intuitionism)정책까지도 예방할 수가 있게 된다. 직관정책이란 깊은 생각이나 연구재료 그리고 부작용의 가능성을 검증해보지도 않은 채 관중의 열기로 하는 정부시책이다. 그 한 예가 언론기관의 거짓선동에 사리판단을 못하고 단행한 미국산 쇠고기 수입반대나 '탈원전'과 같은 정부시책일 것이다. 최근의 미중 패권전쟁에서도 신뢰할 수 있는 두뇌집단의 원칙이 있다면, 사드배치 혹은 '인도태평양 전략' 대 '일대일로'의 양자택일에서 한국의 입장을 쉽게 결정할 수 있지 않겠는가? 저출산을 포함한 인구문제도 깊이 있는 학문적 대비책이 불가피하다.

두뇌집단이 석학들의 학당이 되기 위해서는 정치적 성격을 가진 재원을 완전히 배제해야 한다. 따라서, 아버지의 차고에서 창업을 시작한 많은 기업가들처럼, 새로운 무언가를 창출하려는 긍지와 탁월한 지도력이 절대적으로 필요하다. 그것은 뜻을 모아 선을 이루려는 반듯한 지식인다운 일념으로만 가능하다. 그들에게는 과거에 집착하여 옳고 그름을 가리는 공부가 아니고, 역사와 통계를 토대로 합리적이고 장기적인 국가적 대계를 구축하는 사심 없는 창의적인 연구인 것이다. 그 서원 공부가 얼마나 창의적이고 성실하냐에 따라 필요한 재원은 반드시 뒤따른다. 두뇌집단과 같은 서원모임은 국가부강을 소원하는 지식인들과 퇴역장병들에게는 한 인생을 보람 있게 마감할 소일거리로서도 충분하고도 남음이 있다고 본다. 세계적으로 이러한 집단은 7,500(2016)개에 이른다고 한다.

2) 클럽(Club): 사회봉사 활동이나 취미 친목 등의 공통된 목적을 지닌 사람들이 스스로 조직한 모임을 클럽이라 한다. 사사로운 비영리조직으로 동아리(Fellowship)을 만들거나 소일거리가 된다는 이유 때문에 역사적으로 그 수와 종류가 허다하다. 그 많은 클럽들을 크게 구분하면 둘로 나눌 수 있다. 그 하나는 한국의 '관훈 클럽'이나 국제성을 띤 '펜 클럽'과 같은 회원자신들의 유익을 주목적으로 하는 지성인들의 조직이고, 다른 하나는 1892년에 창설된 미국의 환경보호 단체(Sierra Club)나 국제성을 띤 '라이온스클럽'과 같은 사회봉사를 위한 실

업가들의 모임이다. 그러나 노인들이 노후의 특정한 목적을 위해 조직한 클럽은 아직 보이지 않는다. 사회봉사를 겸한 클럽활동은 제3의 인생에서 '적은 뜻을 모아 선을 이루고' 싶은 노인들에게는 이보다 더 이상적인 노후 소일거리는 없을 것 같다.

크고 작은 공적기관에서 조직 운영에 연마된 지식인들 중 누군가가 퇴직 후 뜻을 지닌 동지들을 모아 클럽을 조직한다면 자신들의 소일거리는 물론 나라와 사회에 지대한 공헌(貢獻)으로, 이보다 더 보람된 노후 소일거리는 세상 어디에도 없을 것이다. 부유한 나라일수록 민간단체들의 사회참여가 열심이라고 한다. 오늘의 우리 사회에는 정부의 손이 아직 미치지 못한 분야들이 무수하다. 하천 오염방지나 공원보호와 같은 환경과제를 시작으로 언론기관의 허위보도의 모니터링, 주거환경 훼손, 학교주변 분위기, 빈민 독거노인, 청소년의 자살시도, 인성교육, 저 출산의 시국문제 등등, 한강의 기적을 세계에 과시한 우리 노인들이 뜻을 모으면 못할 일이 무엇이겠는가!

3) 실버산업(Silver Industry): 고령화 시대가 찾아오면서 노년층(Silver) 세대를 대상으로 하는 상품 제조판매를 포함하여 고령자의 의료 및 각종복지시설의 건설과 운영 등의 서비스를 실버산업이라고 한다. 한국에도 고령인구의 증가로 그 산업이 선진국의 뒤를 따라 급증하고 있다고 한다(매일경제 2019.12.). 실버산업에는 노인전용 의료서비스, 재활(再活)센터, 노인용 생활용품(식품, 의복)의 제조판매, 양로 및 요양시설, 일상생활을 도와주는 노인생활 조력센터(Aging Service Center), 보유 부동산 관리, 관광, 취미, 오락 프로그램을 제공하는 사업 등등 그 종류와 수요는 계속 증가될 것이 분명하다.

이러한 실버산업 중 일부가 노후의 소일거리로 저렴하게 대치된다면, 초노기(初老期) 자녀들이 노쇠기(老衰期) 부모님을 보살피는 격이 된다. 기업체에서 생산유통에 뼈가 자라서 퇴직한 실업인 누군가가 동지들과 뜻을 모아 조합(Cooperation)과 같은 공동산업을 운영한다면, 얼마나 많은 노후의 소일거리를 만들

수 있겠는가? 소일거리를 찾는 초노기의 노인들에게 소액출자로 조합원이 되고 싶은 목적은 대단한 영리가 아니고, 소일과 더불어 일동무들과 함께 웃음으로 늙어 가는데 있을 것이다.

13

노후고독을 극복하려면

 고독(Loneliness)

인간은 누구나 한때 경험하는, 의지할 곳 없는 외로운(Alone) 심정을 '고독(孤獨)'이라 부른다. 비록 홀로 태어나고 홀로 떠나는 존재이지만, 인간은 다른 많은 동물들처럼 무리를 이루며 요란하게 살아간다. 그래서 인간을 사회적인 동물(Social Animal)이라고 부른다. 그런 이유 때문인지, 사람들은 남녀노소를 불문하고 무리를 떠나 홀로 있게 되면 쉽게 고독과 외로움을 느낀다. 전문가들에 따르면, 고독은 인간 본래의 감정이며, 유전적 요인과도 관련이 있다고 한다. 겨우 6살 어린이조차도 외로움을 느낀다고 한다. 그래서 많은 방문객들로 북적이는 응급실 병동의 침상에 누워 있는 중환자조차도, 홀로 있다는 쓸쓸한 외로움을 느끼게 된다는 것이다. 우리 인생이 얼마나 외로움을 느끼는 존재인지, 한국의 문인 김형승은 「인간은 고독하다」라는 시를 통해 이를 표현하고 있다.

고독은 인간 본래의 것이라고는 하지만 사람마다 경험하는 외로움은 다르듯이 그 원인 또한 여럿이 있을 것이다. 전쟁과 같은 사회적인 혼돈으로 가족들이 분산 이탈되면 고독한 군중까지 생긴다. 6.25전쟁 후 38선을 넘어 남하한 실향민들, 그리고 젖줄과 양지(陽地)를 찾아 고향을 떠나온 이민자들이 바로 사회적으로 고립된 '고독한 군중'이라 할 수 있다. 그들은 고독을 해소(解消)하기 위해 동문 및 동향들끼리 모이거나 혹은 교회에 모여 서로가 외로움을 달래기도 한다. 유학으로, 부모형제와 고향의 친구들과 떨어져 낯선 객지에서 진학을 하는 청소년들에게도 향수병(homesickness)이라는 외로움이 있게 된다.

고독이란, 어찌 보면 인간이 남들과 더불어 살아갈 수밖에 없는 존재임을 일깨워주는 선생님과도 같다. 왜냐하면 고독이 주는 외로움은 대부분 직·간접적으로 인간관계(Human Relationship)에서 비롯되기 때문이다. 그래서 함께 있어야 할 사람들이 홀로 떨어져 있게 되면, 외롭고 적적한 고독이 찾아오는 것이다. 나는 15살이 되던 해(1946년) 봄, 어머니마저 떠나보내고, 아버지께서 개간하시다가 작고하신 과수원을 종일토록 혼자 지키며 지냈다. 그때 느낀 외로움과 쓸쓸함이 너무나 두려워, 눈물로 한 해를 보낸 일이 있었다. 봄을 노래하는 새들, 여름을 즐기는 매미들, 그리고 가을 하늘을 나는 기러기들까지도 나와 함께 울어주었다.

그 후에도 홀로 된 삶은 나에게 끊임없이 계속되었고, 결국 60이 될 때까지 이어졌다. 숙부님 댁에 얹혀서 4년간의 농사일을 할 때도 그러했고, 6.25전쟁이 일어난 1951년 정초에 가출하여 평양에 있는 북조선 중앙은행에서 강습을 받은 3개월, 도보로 남하하여 남한에서의 난민생활, 중등교육 없이 남한의 대학에서의 4년, 빈손으로 미국 대학원에서의 만학 6년, 그리고 생업(WHO)으로 아프리카와 동남아시아 여러 열대나라들을 전전했던 25년간의 대부분은 한국교포 조차 없는 오지들이었다. 이러한 외로움과 그리움은 끈질기게 늘 있었지만 나는 거의 고독하다고 느끼지는 않았다. 그래서 나는 고독이란 한가한 사람들에게나 속하는, 사치스럽고 간사한 마음의 병이라고 생각하곤 했다.

🌸 노인고독

노년기의 고독감은 젊은 시절보다 더 깊고 심화된다고 한다. 왜냐하면, 연륜이 쌓일수록 인간은 향기, 매력, 그리고 아름다움 등 많은 것을 잃어가며, 그로 인해 사람들이 하나둘 곁을 떠나기 때문이다. 마치 꿀벌들을 유혹 못하는 시들어진 꽃처럼, 당기는 힘(Pulling power)을 잃은 탓이다. 이에 더하여 제3의 인생은 고독만을 유혹하는 한가한 여유시간이 많기 때문이다. 더 뚜렷한 원인은 나이가 들면서 오랜 세월 인연을 맺고 살아오던 친지들이 하나씩 곁을 떠나기 때문이다. 나의 경우도, 나이가 한국인의 평균수명을 넘으면서 친지들이 하나씩 서둘러 세상을 떠나감으로 언제부터인가는 나 홀로가 되어 가고 있다.

백발이 될 때까지 오랜 세월을 함께 가정을 이루며 살아온 부부 중 한 사람이 먼저 세상을 떠날 때 남겨진 고독은, 세상의 그 어떤 것으로도 비교할 수 없는 깊은 슬픔과 허무함을 안겨준다고 한다. 나의 이탈리아 출신 골프 친구는 학창시절에 맺은 동급생과 결혼하여 60년을 함께한 아내를 먼저 떠나보낸 후, 겨우 한 주간 외로움을 견디다가 결국 자식들에게 한마디 말도 남기지 않은 채 아내의 뒤를 따라가고 말았다. 아마도 내 친구는 아내 없는 세상에서 더 이상 삶의 의미를 찾지 못했기에, 스스로 홀로 된 외로움과 두려움, 그리고 불안(Anxiety)을 견디지 못한 것 같다. 이와 같이 많은 사람들 속에 있어도 완전히 고립되어 스스로 소외당하고 있다는 두려운 마음을 학자들은 고독공포증(Monophobia)이라고 부른다. 내 친구가 이러한 고독공포증(孤獨恐怖症) 때문이었는지는 알 수 없지만, 그가 분명히 홀로 된 세상을 뒤로하고 떠났다는 것만은 확실하다.

고독사(孤獨死)

독신(獨身)으로 살다가 홀로 쓸쓸하게 맞이하는 죽음을 고독사라 한다. 한국의 고독사는 노인층에만 있는 것이 아니라 연령이나 소득과는 관계없이 1인 가구와 더불어 증가하고 있다고 한다. 한국의 119만 독고노인(獨孤老人)중 17만(14.3%) 명은 고독사의 관리대상이라는 한 신문기사가 있었다(중앙일보, 2013,1.19.). 한국의 고독사 통계는 아직 없지만 매해 홀로 사망하는 인명수는 약 500-1000명으로 추정하고 있다. 통계청의 인구 주택조사에 따르면 2012년 1인 가구(추정)는 전체 가구의 약 25.3%에 해당하는 453.9만 가구로, 2000년

(222.4만 가구)에 비해 2배 증가했다고 한다.

한국정부는 고독사로인한 개인적이고 사회적인 피해를 방지하고 국민복지증진에 기여할 목적으로 2020년에 '고독사 예방 및 관리에 관한 법률'을 제정했다. 그 법률에 의거하여 한국에도 일본의 뒤를 따라 '고독사 제로(Zero)' 프로그램이 시행되지 않을까 한다. 고독사를 방지하기 위해서 사회복지학 교수 한혜경은 동네골목의 작은 가게들을 통해서 독거노인들을 위한 모니터링 네트워크를 구성하는 것이 어떻겠느냐고 제안했다(동아일보, 2013.1.10.). 골목 가게들은 이웃주민들의 식생활을 포함한 독거노인들의 매일의 형편까지도 살필 수 있는 골목반장 및 정보센터가 될 수 있기 때문일 것이다.

고독의 극복(Overcome)

신라시대에서는 효성을 판단하는 기준으로 홀로된 아버님의 고독을 얼마나 해소해 드렸느냐에 있었다고 한다. 석가모니 시절(BC563-480) 인도의 수다타(Sudatta)라는 무역업자는 자비로운 마음으로 외로운 늙은이를 보살폈다고 하여 급고독(給孤獨) 장자로 알려져 있다. 늙은이들에게 찾아오는 외로움이나 고독이 급고독 자선가나 사회적 복지정책으로 얼마나 해소될 수 있을지는 아직 의문으로 남아있다. 왜냐하면 노후고독은 스스로가 극복(克服)해야 할 불가피한 대상이기 때문이다. 영국의 한 시인(William Wordsworth, 1770-1850)에게 고독은 인간의 근원적(根源的)인 것으로 순응하고 영민해야만 하는 불가피한 것이라 했다. 더 나아가, 『바다와 노인』의 작가 어니스트 헤밍웨이(Ernest Hemingway, 1899-1961)는 망망대해에서 역경을 이겨낸 그 노인 어부에게, 인간이 극복할 수 있는 한계를 초월한 위대함이 있었다고 묘사했다.

1) 스스로의 결단: 노후의 고독을 해소하는 데 있어 가장 우선적인 것은 본인 스스로의 적극적이고 미래 지향적인 결단력이며, 홀로서기와 고독을 극복하려는 태도이다. 평소에 하고 싶었던 취미나 소일거리를 찾아, 젊은 제2의 인생에서

와 같이 매일을 분주하게 그 활동에 전심(專心)을 다하는 것이다. 꾸준한 활동을 통해 새로운 이웃들을 만나다보면, 마음에 맞는 친구는 물론 때로는 마음에 드는 여친 혹은 남친까지도 생길 수 있다. 나의 주변에는 초노년(初老年)에 홀로된 분들이 재혼을 하거나 친구로서 행복하게 동거하는 가정들도 허다하다.

2) 종교생활: 종교생활을 열심히 하다보면 새로운 동지(신도)들을 만나 자기도 모르게 힘과 열정이 생겨 분주한 시간을 보내게 된다고 한다. 여러 종교 중, 한국에는 교회가 없는 마을은 거의 없음으로 누구나 찾아가기가 어렵지 않다. 나도 6.25동란 때 난민생활로 힘들고 외로워서 1951년 여름 스스로 부산 용두산에 있는 피난교회를 찾아감으로서, 지금까지 나름대로 기독교인으로 신앙생활을 하게 되었다. 기독교의 하나님은 '임마누엘(Immanuel)'이시다. 이 히브리말은 '하나님이 우리와 늘 함께 계신다'는 뜻이다(마 1: 23). 외롭고 고독하면, 그 때마다 사실대로 하나님께 간구하는 것이다.

미국의 한인이민교회는 어찌 보면 외로운 타향살이에서 망향의 그리움을 극복하려는 실향민들의 모이는 유일한 곳이다. 교회에 출석하여 이민생활의 수많은 근심걱정과 염려 모두를 임마누엘 하나님께 맡기고, 홀가분하게 주어진 그대로 함께 어울려 지내보려는 심정이 있기 때문이다. 한주에 하루지만 교우들과 어울려 인연을 맺으며 분주하게 신앙생활을 하다보면 세상의 번민(煩悶)도 외로움도 멀어지리라 생각된다.

3) 공동체생활: 노인들이 모여 공동생활을 하는 공동체(Retirement home)는 입주자들의 입주금으로 운영하는 개인기업이다. 미국에서는 이를 노인촌락(Retirement Community)이라고 부른다. 영국에는 이러한 민간 노인공동체가 무려 2만 5천(2021)에 이르는데 5년 후에는 10%가 증가할 것이라고 한다(The Gerontologist 50(4): 426-442). 미국에서 이러한 공동체에서의 거주비용은 년 $25,000에서 $10만에 이른다. 한국에도 1993년 노인복지법(법률 제4,633호)이 개정되면서 이러한 노인복지 시설이 '실버타운'(Silver town)이라는 이름

으로 전국 각지에 많은 수가 늘어나고 있다. 거주비용은 입주방식(분양, 종신이용권, 회원권, 임대), 거주형태(단독, 공동), 위치환경(도시, 도시근교, 전원휴양) 그리고 서비스 등에 따라 큰 차이가 있다고 한다.

고독노인이 이러한 노인촌락의 한 공간에서 여럿이 모여 함께 살다보면 외로움을 극복하는데 크게 도움이 되겠지만, 그 고독을 해소하는 목적으로 노인촌락에 입주하는 노인은 아직 내 주변에는 없는 것 같다. 그러한 공동체에 입주하는 대부분의 경우, 건강상의 이유로 인해 이전까지의 일상생활을 육체적으로 감당하기 어려워졌기 때문이다.

고독을 극복하기 위해 여럿이 함께 공동마을을 만들어 노후생활을 하는 경우도 적지 않다. 아마도 그것은 다정한 자매들처럼 특별한 유대감을 가진 사람들끼리 가능한 경우일 것이다. 한국의 지극한 효녀가 친정 노부모를 조석으로 돌보기 위해 자기 집 혹은 이웃에 거처를 마련하듯이 미국에는 노부모의 안전한 노후를 위해 자기 집 곁에 별채(Mother-in-law dwelling)를 장만하는 경우가 있다. 김진홍 목사가 퇴직금으로 장만한 동두천 두레수도원도 어찌 보면 노후생활의 고독을 극복하는데 매우 이상적인 공동체집단이 아닌가 한다.

제 4 부

나의 노후생활 첫 10년

나의 60대 초로기(初老期) 10년은
허술하게 시작했지만, 찾아오는 일거리들로
바쁘면서도 즐겁고, 변화가 많은 보람찬 기간이었다.

제 14 장 | 빗나간 나의 노후계획

제 15 장 | 미국이민으로 종착된 노후생활

제 16 장 | 노후 이민생활의 첫 걸음

제 17 장 | 42년 만에 찾아간 내 고향, 북조선

제 18 장 | 인도네시아 직업훈련 프로젝트

슬기로운 노후 준비

14

빛나간 나의 노후계획

 노후를 위한 계획

나는 노후준비에 대해 남다르게 예민했던 것 같다. 아마도 그것은 유년 시절의 경험에서 비롯된 것이 아닐까 싶다. 나는 노후준비가 충분하지 않으면 남은 가족들까지 정상적인 생활을 할 수 없다는 사실을 일찍이 깨달았다. 나의 아버지께서는 노후를 대비하시려 했지만, 40세의 젊은 나이에 의사의 손길 한 번 받지 못한 채 세상을 떠나셨다. 그는 선산(先山)의 한 모퉁이에 과수원을 개간하시면서 빌린 자금을 갚기 위해 자택을 허물고, 그 목재로 인근 어촌(漁村)에 집 한 채를 짓고 계셨다. 그러나 집이 완성되기도 전에 운명을 달리하셨다. 그로 인해 나는 소년 가장이 되어 어머니와 함께 마을 공회당과 여러 집들의 사랑방을 전전하며 4년을 살았다. 이러한 어린 시절의 경험이 나에게 철저한 노후준비의 필요성을 일깨워 주었다고 생각한다. 또 다른 이유가 있다면, 젊은 시절을 한국어를 사용하는 사람조차 거의 없는 객지에서 홀로 지내며, 망향(Nostalgia)의 그리움을 견뎌야 했던 경험 때문일 것이다.

다행히 내가 근무하던 기관인 세계보건기구(WHO)에는 '홈 리브'(Home Leave)라는 휴가 제도가 있어, 2년에 한 번씩 두 달간의 휴가를 받을 수 있었다. 덕분에 나는 가족과 함께 제2의 고향인 한국을 방문할 기회를 가질 수 있었다.

1970년대, 아프리카 대륙에서 8년을 근무하는 동안 나는 노후생활을 대비하여 서울 용산 한강변에 아파트 한 채를 마련했다. 그리고 1974년에는 서울에서 자동차로 한 시간 거리에 있는 수원과 이천을 연결하는 옛 국도와 인접한 임야 2만 평을 구입했다. 이는 은퇴 후 여유로운 시간을 보낼 주말농장 부지로 활용하고, 부모님께서 남겨주신 고향의 과수원을 대신할 생각에서였다. 이처럼 노후생활의 기초를 비교적 쉽게 마련할 수 있었던 것은 다행히도 아프리카 근무 덕분이었다. 당시 그곳에서는 갈 곳도, 살 것들도 많지 않았으며, 세 아들의 학비 부담도 적었기 때문이다.

그 주말농장 부지는 나에게 한국을 더욱 그리워하게 만드는 제2의 고향이 되었다. 우리 가족이 서울로 휴가를 갈 때면, 도착한 다음 날 아침 나는 가장 먼저 카메라를 들고 그 보잘것없는 임야를 찾아가곤 했다. 가냘픈 소나무들이 질서 없이 서 있는 그곳을 사진에 담아, 만나는 친구들과 친척들에게 보여주며 자랑스럽게 이야기하곤 했다. 휴가 때뿐만 아니라, 홍콩을 경유하는 출장이 있을 때면 나는 서울에서 짧은 시간을 쪼개어 그 야산을 걸어보는 습관이 있었다. 그곳을 둘러보신 나의 셋째 숙부님은 내가 한국에 자주 들르는 이유를 두고 '물질이 있는 곳에 마음도 있는 법'이라고 말씀하셨다.

월남 전쟁이 끝나면서 한국 기업들이 세계로 진출하게 되었고, 이에 따라 국내 경제도 점차 풍요로워지기 시작했다. 그러나 많은 한국인들은 가산을 정리하고 해외로 이주하는 길을 선택했다. 반면, 나는 그들과 달리 한국에서 노후를 준비하고 있었고, 이를 바라보며 고개를 흔드는 친지들도 적지 않았다.

🌸 소일거리 계획

인도 뉴델리에 위치한 WHO 동남아시아 지역사무처에서 고문관으로 근무하며 퇴직을 앞둔 나는, 내 아버지께서 사셨던 나이의 두 배인 80세까지를 대비한 나름의 노후계획을 세웠다. 그러나 WHO를 퇴직한 후 곧바로 서울의 아파트로 돌아가는 것이 아니라, 어디에서든 최소 10년간은 보람 있고 뜻깊은 일을 하고 싶었다. 6.25 전쟁으로 남하한 난민이었던 나는 예상치 못했던 대학 진학의 기회를 얻었고, 그 고마움에 보답하고 싶은 마음이 간절했다. 나의 첫 번째 노후생활 계획은 바로 그 은혜에 대한 보답이었다.

당시 내가 생각한 '보람 있는 일'이란, 사회에 기여할 수 있는 일을 보수나 대가 없이 성실히 봉사하는 것이었다. 그 이유는 WHO를 포함한 UN 산하 여러 기구에서 5년 이상 근무한 직원들에게는 UN 공동 연금(UNJSPF) 제도가 있어, 전 세계 어디에서든 매월 고정적인 수입을 받을 수 있었기 때문이다. 또한, WHO에서는 은퇴자들에게도 현직 직원과 동일한 의료보험 혜택이 제공되었기에, 25년간 근무한 나에게 있어 노후준비의 핵심 과제는 경제적 안정이 아닌, 의미 있는 소일거리를 찾는 것이었다.

(1) 대학연구실: 퇴직 후, 한국의 한 대학 연구실에 자리 잡고 한국 학자들과 함께 WHO에서의 경험을 살려보고 싶은 마음을 오래전부터 품고 있었다. WHO 회의에서 만난 서울의 한 의과대학 열대의학 교수님으로부터 은퇴 후 함께 일하자는 제안을 받았고, 실험실 한 구석에 내 자리를 마련해 주겠다는 약속까지 받았다. 그리하여 재직 중 한국으로 휴가를 갈 때마다 예방의학 강의실에서 강의를 했으며, 평소 수집한 WHO의 연구 문헌과 서적들도 그곳에 보관해 두었다. 그러나 그 교수님께서 은퇴하시면서, 나와의 약속은 물론 내가 정성을 들여 수집해 놓았던 연구 문헌들도 모두 흔적 없이 사라지고 말았다.

(2) 오지마을의 전도사: 휴전선 인접 지역의 농촌 생활이 어떤 모습일지 궁금해하던 차에, 뉴델리에 있는 한국대사관저에서 열린 한 회식에서 인도를 방문한 어느 일선 육군 부대장을 만났다. 그의 말에 따르면, 최전방 지역에는 교회가 없는 마을은 없지만, 대부분의 교회에 상주하는 교역자가 없다고 했다. 그 이유는, 젊은 전도사 부부가 잠시 머물다가 목사 안수를 받으면 침체된 농촌에 대한 매력을 잃고 대부분 도시로 떠나기 때문이라는 것이었다. 나는 젊은 시절 고향에서

농사를 지으며 쌓은 경험과 대학에서 배운 농학 지식, 그리고 WHO에서 익힌 전염병과 보건 관련 지식이 이러한 농촌 교인들에게 도움이 될 수 있을 것이라 생각했다. 그래서 출장길에 잠시 속초에 들러 숙모님과 함께 숙모님의 속초교회에서 후원하는 동해안 최전방 지역의 한 농촌 교회를 방문했다. 그 교회에도 상주하는 교역자는 없었지만, 특정 교단의 노회(老會)에 소속되어 있었다. 따라서 무보수로 봉사하더라도 해당 노회의 규정에 따라 그 교단의 신학 과정을 이수해야 한다는 조건이 붙었다. 그러나 60세의 나이에 새롭게 전도사가 되기 위해 신학교 입시 준비를 한다는 것은 선뜻 마음에 와닿지 않았다.

(3) 연구생활: 세 번째로 시도한 것은 건강식품(健康食品)에 관한 것이었다. 인도에는 기원전 1세기부터 발전해 온 힌두교의 전통적인 의학 체계인 '아유르베다(Ayurvedic medicine)'가 있다. 이는 동양의 한약과 유사하며, 이를 연구하는 대학도 세 곳이나 있다. 또한, 대부분의 주요 약초와 처방이 임상 실험까지 거쳐 체계적으로 연구되어 있다. 나는 한국 사회에서 건강 문제로 대두되고 있는 당뇨병(Diabetes), 고혈압(Hypertension), 위궤양(Gastric ulcer), 그리고 강장제(Tonic) 등에 효과가 있는 약초에 대한 연구 자료를 수집하기 위해 여러 대학을 찾아다녔다. 은퇴 후 한국에서 이 약초들을 연구하여, 약물이 아닌 건강음료로 보급할 수 있지 않을까 하는 생각에서였다.

그러던 중, 나의 은퇴 준비 소식이 전해졌는지 한국 대사관의 상무관 소개로 부산의 한 식품회사 상무님에게 초대를 받았다. 그는 서울에서 나를 저녁 식사에 초대했고, 자신이 40여 명의 식품공학 전공 연구원들과 함께 식품개발연구실을 운영하는, 한국에서 제법 이름 있는 회사의 연구개발 담당 간부라고 소개했다. 그는 인도 약초에 관심이 있다면 내가 지속적으로 실험 조사 재료와 유통에 대한 정보를 수집할 수도 있을 것이라고 말했다. 이에 나는 조국에서 의미 있는 일을 하고 싶다는 나의 단순한 취지를 그에게 전했다.

그러나 이후 그의 반응은 실망스러웠다. 그는 나의 취지에 대해서는 단 한 마디의 언급도 없이, 오로지 내가 수집한 재료에 대해 하나씩 전화로 캐묻기 시작했다. 나중에는 직원을 시켜 같은 방식으로 계속 무례한 질문을 이어갔다. 나는 그들의 반기업적인 태도에 깊은 상처를 받았고, 더 이상 의미 없는 질의를 받지 않도록 "학위 연구를 위해 공식적인 협력 요청이 있지 않는 한, 당신 회사와의 인연을 끊겠다"는 마지막 통보를 보냈다. 그리하여, 나의 첫 번째 노후생활 준비는 세 번째 시도에서도 결국 실패로 돌아가고 말았다.

빛나간 나의 노후생활

내가 계획해오던 한국에서의 노후생활이 모두 실패로 끝나자 네 번째로 시도한 곳이 태국의 수도 방콕이다. 이곳은 내가 WHO 근무의 첫 출발지로서 4년을 지낸 곳이기도 하다. 은퇴하기 전 마지막으로 참석한, WHO 동남아지역 사무처가 주최한 댕기열병(Dengue Fever)에 관한 국제회의에서 나는 서기(Operating Officer)로서 회의 의장인 태국출신 '낱(Nutth)'교수와 나란히 진행자리에 앉게 되었다(사진 14.1). 낱 교수는 내가 25년 전 태국보권원에 위치한 WHO 연구 프로젝트에서 근무할 때, 댕기열병의 출혈(Haemorrhage)증상을 처음으로 학계에 발표한 시리랏(Siriraja)국립병원의 소아과 의사였다. 그 후 그는 댕기열(Dengue fever) 분야에서 세계적인 전문가로 활동하다가, 어느 순간부터 마히돌(Mahidol) 국립대학교의 총장직을 맡고 있었다.

[사진 14-1] WHO가 주최한 댕기열병에 관한 국제회의 (1989)

낱 교수는 나의 은퇴 소식을 듣고, 나를 객원교수(Visiting Professor)로 초빙하여 자신의 연구를 돕는 동시에, 내가 관심을 두고 있던 인간생태학(Human Ecology) 과목을 그의 대학에서 개설해 주었으면 했다. 그는 사무실, 주택, 출퇴근을 위한 자동차와 운전기사, 그리고 장기 체류에 필요한 비자까지 모두 자신의 사무실에서 해결해 주겠다고 약속했다. 또한, 나머지 여가 시간은 자유롭게 사용할 수 있도록 보장해 주었다. 이에 나는 아내와 의논한 끝에 이삿짐을 두 곳으로 나누기로 했다. 한국으로 보낼 컨테이너에는 가구를 포함한 큰 짐들을 담고, 방콕으로 함께 가져갈 네 개의 슈트케이스에는 여름옷과 일용품들을 챙겼다.

1989년 4월 초, 우리가 방콕 공항에 도착했을 때, 대학에서 보내온 운전기사가 기다리고 있었다. 우리는 학교 차량을 타고 약 세 시간에 걸쳐 마히돌대학교로 향했다. 대학은 차오프라야(Chaophraya)강을 건너 서쪽으로 한참 떨어진 방콕 외곽의 사라야(Salaya) 지역에 위치해 있었다. 배정된 주택은 아담하고 깨끗했지만, 방콕 시내의 교포 사회와는 너무나 먼 거리에 있었다. 사무실은 차오프라야 강변에 자리한 대학 본부 건물에 마련되었으며, 총장실 가까운 곳에 전망이 좋은 방 하나를 배정받았다. 한편, 내가 관심을 두고 있던 인간생태학 과목 개설은 대학교수회의와 학교 당국의 절차를 거쳐야 했기에, 빠르면 다음 학기에나 가능할 것으로 보였다. 이에 따라, 나는 낱 교수가 2년 후 개최할 예정인 뎅기열 세계대회를 준비하는 일을 돕기로 했다.

배정받은 주택이 방콕의 한국 교민사회로부터 고립되어 있어서, 생각 끝에 우리가 살 거처는 자비로 옛 태국친구의 가족들이 운영하는 방콕아파트에서 방 하나를 월세로 계약했다. 아파트가 좋다고는 하지만 수용장은 이끼가 끼어 물은 노랗게 변하여 수영을 하고나면 몸에서 풍기는 냄새 탓으로 수영은 할 수가 없었다. 방에 달린 에어컨의 소리는 요란했고, 이른 새벽부터는 골목길을 달리는 오토바이, 옆집의 앵무새 그리고 두부장사의 종소리 등이 우리의 새벽잠을 깨우곤 했다. 아침 기온이 내려간 시간에 거리로 나가 조깅을 하려 했으나, 자동차들이 내뿜는 매연과 메탄가스로 숨을 쉬기가 어려워 첫 주 만에 포기하고 말았다.

이렇게 우리의 노후생활은 내가 좋아하던 방콕에서 시작되었지만, 모든 것이 예상과는 달랐다. 주당 이틀만 출근하면 되었지만, 출퇴근을 도와주는 학교 차량에 앉아 하루 4시간을 소비해야 했다. 무엇보다, 나를 태워 주는 운전기사가 아침저녁으로 각각 2시간씩, 하루 8시간을 도로 위에서 보내며 휘발유를 태우는 것이 안타까웠다. 결국 나는 시내버스와 나룻배를 이용해 출퇴근하기로 했다.

처음 방콕에 도착한 후, 오래전부터 거주하던 교포 가족을 따라 처음 참석한 한국인 교회는 감리교회였다. 그날, 한국 감리교 교단에서 파송된 목사님을 소개받았고, 우리는 그분의 선교 사역을 돕기로 했다. 그러나 교회로 가는 직행 버스 노선이 없어, 버스를 타고 차오프라야 강까지 가서 나룻배를 탄 뒤 다시 버스를 갈아타야 했고, 그렇게 가는 데만 한 시간 반이 걸렸다. 그럼에도 우리는 목사님의 일행이 되어 교포 가정을 심방하거나 병문안을 다니면서 나름대로 보람을 찾으려 했다. 또한, 목사님이 관청에 볼일이 있을 때면, 나는 예전에 배운 짧은 태국어와 정부 요인들을 만난 경험을 살려 조금이나마 도움을 주고 싶었다.

이렇게 목사님을 따라 여러 행사에 참석하며 몇 주가 지났지만, 나는 한 번도 '방 박사' 혹은 '동역자'라고 불려본 적이 없었고, 늘 '시중드는 방 선생'으로 소개되곤 했다. 아내 역시 목사님 댁을 오가며 외국 생활을 처음 경험하는 사모님을 도와 교인 가정을 돌보고, 새신자 가정을 방문하는 등으로 바쁜 나날을 보냈다. '사모님'이라고 불리든 말든, 내 아내는 12월이 접어들면서부터 목사님 가족들이 처음으로 서울에 보내는 크리스마스 카드에 우표를 사서 붙이는 일까지 맡고, 선교사 사무실의 자잘한 업무를 도우며 시간을 보냈다.

방콕에서의 마지막 날

두 번째로 다시 찾아온 방콕에서, 이렇게 이름 없이 근 8개월을 지내던 어느 날, 미국 항공사(United Airlines)에서 연락이 왔다. 방콕에서 샌프란시스코까지의 비즈니스 클래스 항공권 두 장이 나와 아내의 이름으로 예약되어 있으니 확인하라는 것이었다. 처음에는 오클랜드에 사는 둘째 아들이 우리에게 은퇴 후 처음

맞는 크리스마스를 함께 보내자며 비행기 표를 보낸 것이라 생각했다. 그렇게 우리는 두 차례의 크리스마스 저녁을 가졌다. 첫 번째는 방콕을 떠나기 전, 차오프라야 강가의 중국식당에서 낱 총장님의 직원들과 함께했고, 두 번째는 샌프란시스코에 도착한 날 저녁, 둘째 아들 집에서 세 아들과 함께했다.

두 저녁 식사 자리에서 공통적으로 나온 질문 하나는 "왜 항공권이 왕복이 아니냐?"였다. 그 의미를 우리 부부는 마히돌대학의 직원들처럼 정확히 알 수 없었으나, 세 아들은 달랐다. 지금까지는 내가 제3국에서 WHO 근무를 하고, 그들은 미국에서 학업을 이어가야 했기에 떨어져 지낼 수밖에 없었지만, 이제는 더 이상 그럴 이유가 없다는 것이었다. 아마도 그들은 엄마가 보내온 문안 편지를 통해 우리의 태국 생활의 이모저모를 이미 잘 알고 있었던 것 같았다. 그리하여 이 갑작스러운 여행은 우리를 결국 이민자로 만들었다. 마치 성경 속 '요나'가 '니느웨'(Nineveh)를 피해 도망쳤듯이, 우리도 계획했던 삶을 등지고 떠나오고 말았다. 이로써, 퇴직 전에 꼼꼼히 설계했던 나의 노후계획은 완전히 실패하고 말았다.

15

미국 이민으로 종착된 노후생활

 이민생활의 첫해

1989년 그리스마스 날 방콕을 떠나온 우리부부는 둘째 아들네에서 온 가족이 수년 만에 함께 모여 성탄절을 즐겁게 보냈다. 그리고 새해의 첫 주 상항만(San Francisco Bay)의 남쪽 산호세(San Jose)에 있는 아직 미혼인 첫째 아들집에서 이민생활의 첫 걸음을 시작했다. 아들의 집이지만 우리가 1982년 인도네시아를 떠나면서 한국에 보냈던 인도네시아 가구들이 이미 와 있어서 조금도 낯설지 않았다. 그 장남이 한 미국전자회사의 한국 현장근무를 끝내고 돌아오는 자기의 이삿짐과 함께 우리 가구들을 선적해온 것이다. 그것으로 보아 우리 아들들은 부모님의 노후는 자기들이 정착한 미국이라는 곳을 이미 정하고 있었는가 싶었다.

나는 젊은 날 6년이나 미국에서 대학생활을 했다고는 하지만 정착을 하려고보니 미국에 대해서 아는 것이 별로 없었다. 가장 필수적인 운전면허를 발급받은 즉시 구입한 자동차를 타고 가까운 은행을 찾아가, 아내와 공동 명의로 당좌예금과 저축예금으로 나누어 구좌(Account) 둘을 개설했다. 그다음으로 가족이민이라는 이름으로 영주권신청을 끝냈다.

아들집에 온 첫 주일 예배를 드리려 가까운 장로교회를 찾아갔는데, 그곳에서 옛날 자카르타에서 교회생활을 같이 하던 주 장로내외를 만나서 이민생활에 필요한 정보들을 쉽게 입수할 수가 있었다. 미국생활에 익숙해지면서 나는 매주 이틀씩 시내에 있는 산호세 한미봉사회에서 주관하는 한국노인들을 위한 교양강좌에서 강의를 하면서, 많은 교포들을 만나 어디에 정착할 것인가를 생각하곤 했다.

우리가 인도를 떠난 지 꼭 1년이 되는 4월, 1989년 3월 말 뉴델리를 출발한 마지막 이삿짐이 기차를 타고 봄베이 항구로 이동한 뒤, 그곳에서 선적되어 부산항을 거쳐 태평양을 건너 오클랜드 부두까지의 긴 여정을 마치고 1년 만에 무사히 도착했다. 오랜 시간 후진국들을 함께 떠돌며 쌓인 그 정(情)이란 무엇이기에, 주인을 따라 이 낯선 미국 생활에 합류한 가구들에게 왠지 모를 고마움이 밀려왔다.

영주권을 발급 받은 후 나는 1년에 한두 차례 아내와 함께 인도네시아에 여행을 할 기회가 있었다. WHO 재직당시 나의 도움으로 인도네시아정부가 여러 국제기구에 신청한 연구프로젝트들이 성사되어 연구자금이 조달됨으로서, 단기자문관(Consultant)일을 나에게 의뢰해온 것이다. 돌아오는 길에는 우리는 늘 한국에 잠시 체류했다. 아내는 친척들을 만나는 동안 나는 용인시의 부동산소개업들을 찾아가 내가 주말농장으로 사용할 목적으로 매입한 임야를 매각할 수 있을까하고 문의를 했다.

 노후주택 마련

미국에서 주택을 고르는 일은 선택의 여지가 많아서인지 그리 쉽지 않았다. 처음에는 큰아들이 사는 산호세 도심에서 침실 2~3개짜리 단층 주택을 찾아다녔다. 부동산 중개업자(Realtor)의 안내를 받기도 했고, 주말에는 우리끼리 '오픈 하우스'를 방문하며 직접 집을 둘러보았다. 미국에서 본 집들은 우리가 후진국에서 살아왔던 주택들에 비하면 모두 깨끗하고 편리하게 설계되어 있었다. 그러나 집을 보면 볼수록 점점 눈이 높아졌고, 도심(Downtown)에서 외곽으로, 나중에는 새집을 찾아 아들들과 2~3시간 거리의 샌프란시스코만 외곽 지역까지 탐색 범위를 넓히게 되었다.

끝내는 한 백인 친구의 조언에 따라 나름대로 우리의 기본 한계점들을 정했다. 아들들로부터 1~2시간 거리에 있고, 소일거리로 뒤뜰이 있으며, 주변 가까이에 골프장이 있고, 최소한 침실 셋을 갖춘 비교적 새집이라는 조건이었다. 하지만 설령 이런 이상적인 집을 찾는다 해도 당장은 계약할 수 있는 처지가 아니었다. 나는 직업이 없을뿐더러, 은행에서 돈을 빌려본 기록이 없어 저당(Mortgage)을 위한 신용(Credit)이 전무했기 때문이었다.

큰아들 집에서 꼭 1년을 보낸 1991년 1월 초, 샌프란시스코만 북쪽 끝에 위치한 나파(Napa) 시 외곽에서 신축 중인 집을 소개받았다. 침실과 화장실이 각각 셋인 2층 남향집(건평 300평)이었다. 우리가 정한 기본 한계에 가까웠고, 아들들도 반대하지 않았다. 우리가 사용할 침실은 남향이라 햇빛이 종일 들어와 겨울에도 따뜻할 것 같았고, 넓은 뒤뜰(1,000평)이 내려다보이는 거실은 서늘한 여름날의 좋은 거처가 될 듯했다. 뒤뜰 주변에는 높은 노송들이 있어 시골 풍경을 자아내고 있었다.

때마침 경기도 이천의 한 부동산 중개업자로부터 산을 사겠다는 구매자의 가격을 알려주는 전화가 왔다. 놀랍게도 제시된 가격은 내가 샀을 때의 가격보다 30배나 높았다. 세금이나 기타 공납금과 수수료 등을 공제하더라도 집을 살 만한 액수라 판단되어, 결국 내가 꿈꾸어 온 주말농장 부지를 매각할 수밖에 없었다. 그 한국 돈을 미 달러로 환전하여 송금하는 과정마다 상당한 수수료가 필요했다. 그렇게 우리는 미국에 온 지 15개월 만에, 은행돈 한 푼 없이 평생 처음으로 내 집을 장만하게 되었다.

집을 계약한 같은 주 나는 우리 부부의 소일거리가 될 야외운동 골프를 위해

15분 거리에 있는 컨트리골프클럽(Napa Valley Country Club)의 회원권을 샀다. 그리하여 카펫이나 커튼과 같은 이사준비를 하면서도 우리는 짬을 내어 골프장에서 시간을 보내면서 새 친구들을 사귀었다. 뒤뜰을 향한 큰 유리문과 연결되는 마루(Deck)가 완성되는 즉시, 큰 아들집에서 새 거처를 기다리던 이삿짐을 뒷문을 통해 들여놓았다. 이렇게 우리의 노후준비가 하나씩 갖추어지면서, 누구보다 기쁨을 감추지 못한 사람은 내 아내였다. 아마도 아프리카를 시작으로 지금까지 열대 지방을 떠돌며 줄곧 남의 집에서만 살아온 탓이었을 것이다.

[사진 15-1] 내 생전 처음 장만한 노후주택

나파(Napa)

나파는 샌프란시스코만을 끼고 있는 9개의 카운티(County) 중 가장 북쪽에 위치한 세계적인 포도주 생산지로, 금문교(Golden Gate Bridge)에서 약 50km 동북쪽에 자리하고 있다. 포도주로 유명한 나파 계곡(Napa Valley, 480km^2)은 남북으로 약 40km 뻗어 있으며, 두 산맥 사이 폭 7-8km가 온통 포도밭으로 뒤덮여 있다. 푸른 하늘 아래 펼쳐진 포도밭의 풍경이 그토록 평화롭고 아름다워, 전 세계에서 매년 4-500만 명의 방문객이 찾는다고 한다. 그 손님들을 위해 크고 작은 포도주 공장(Winery)들 사이에는 저마다 개성을 뽐내는 이탈리아와 프랑스식 레스토랑들이 자리하고 있다.

나파는 나의 고향과 달리 혹독한 겨울이나 태풍, 폭풍이 없는, 습도가 낮은 지중해성 기후와 비슷하다. 긴 여름(5월~10월) 동안 뜨거운 햇빛이 내리쬐지만, 정오를 지나면 샌프란시스코만을 넘어 불어오는 태평양의 바닷바람이 포도알을 여물게 하면서 낮 기온을 서늘하게 식혀준다.

비가 내리는 우기(연평균 약 65일)에는 따뜻한 낮 기온이 밤늦도록 유지되지만, 연평균 강우량이 500mm에 불과해 여름철 나파를 아름답게 수놓는 장미와 오리앤터(Oleander)조차도 겨울철 내린 빗물을 최대한 아껴 쓰며 긴 여름을 견뎌야 한다.

우리가 나파를 좋아하게 된 이유 중 하나는, 산으로 둘러싸인 전원 지역이면서도 태평양과 아름다운 샌프란시스코 도심이 불과 한 시간 거리에 있다는 점이었다. 도시 주변에는 다섯 개의 골프장이 있고, 북쪽 계곡 끝자락(차로 30분 거리)에는 온천이 있는 야외 수영장도 자리하고 있다. 무엇보다도 세 아들의 집이 1~2시간 거리에 있어, 너무 멀지도 가깝지도 않은 적당한 거리라는 점이 마음에 들었다. 거리가 너무 멀면 긴급한 상황에서 어려움이 따를 것이고, 반대로 너무 가까우면 훗날 손자손녀뿐만 아니라 그들의 강아지까지 돌봐야 하는 상황(dog sitting)을 피할 수 없을 것이기 때문이다.

 자가 소유의 부담

빈손으로 고향을 떠나 지구촌을 전전하다가, 예순이 되어서야 처음으로 자기 집을 장만한다는 것은 이전에 한 번도 경험해보지 못한, 세상의 그 무엇과도 비교할 수 없는 감격이었다. 그러나 집주인으로서 감당해야 할 책임도 만만치 않았다. 그중에서도 노후에 가장 부담이 되는 재산세(County Tax)는 집 매매 가격의 2%에서 시작해 매년 2%씩 상승했다. 또한, 매달 지불해야 하는 전화, 전기, TV, 가스, 수도, 쓰레기 처리 비용 등도 기한을 어기지 않도록 신경 써야 했다. 앞뜰을 가꾸는 일뿐만 아니라, 뒤뜰의 풀도 소방당국의 점검이 있기 전에 미리 깎아

화재 위험을 줄여야만 했다.

집을 계약하면서 처음 알게 된 사실이지만, 가옥은 일반적으로 가장 큰 사유재산이므로 반드시 적절히 등록해야 했다. 또한, 사후에는 유산으로 남겨질 증여물이 되기에, 상속받을 사람들에게 불편이 가지 않도록 정신이 온전할 때 미리 유언장(Will) 같은 문서를 준비해 두어야 했다.

다행히도 미국에는 '가정 신탁'(Family Living Trust)이라는 법적 제도가 있어, 이를 하나의 가족 재단으로 법원에 미리 등록해 두면, 사망 후 재산 처분 시 변호사를 통해 법원을 거쳐야 하는 복잡하고 비용이 많이 드는 법적 절차(Probate)를 피할 수 있었다. 그래서 우리는 집을 구매하고 보험에 가입하는 즉시 법률사무소를 통해 집뿐만 아니라 은행 계좌 등 우리 부부의 모든 재산(Estate)을 공동 신탁 계정(Family Trust Account)으로 설정했다. 이렇게 죽음을 대비한 준비를 마치니, 더욱 홀가분하게 노후생활을 즐길 수 있게 되었다.

16

노후 이민생활의 첫 걸음

    퇴직 전에 계획했던 한국에서의 노후생활은 모두 물거품이 되고, 아무런 계획도 없이 시작한 미국에서의 노후생활은 예상외로 분주한 나날이 이어졌다. 은퇴 후 처음 10년 동안은 해야 할 일도, 찾아오는 일도 생각보다 많았다. 그래서 다행히 퇴직 전 가장 염려했던 노후생활의 소일거리(Pastime)는 큰 문제가 되지 않았다.

    (1) 뜰 가꾸기: 앞뜰의 잔디 관리는 직업 정원사(Gardener)에게 맡겼지만, 뒤뜰의 조경(Landscaping)은 전문가의 특별한 도움 없이 내 손으로 가꾸었다. 주변 공간을 다듬고, 색깔과 열매가 맺히는 시기를 고려해 적절한 과일나무 몇 그루를 심었다. 또한, 자동 급수를 위해 땅속에 파이프(Pipe)를 묻고 수도와 연결하는 등의 작업도 직접 해보았다. 이 모든 것이 전에 경험해 보지 못한 일들이었고, 과일나무를 가꾼다는 것은 생각보다 손이 많이 가는 일이었다. 부지런하지 않으면 감당하기 어려울 정도로 정성이 필요한 일이었지만, 나름대로 보람을 느꼈다. 특히 과일나무를 돌보면서, 과수원을 개간하시다가 작고하신 아버님을 떠올리며 많은 시간을 의미 있게 보낼 수 있었다.

[사진 16-1] 뒤뜰을 정리하고 돌담을 만든 조경 장면

    (2) 교양강좌: 산호세 한미봉사회에서 시작한 노인 대상 교양 강좌가 입소문을 타면서, 여러 교회와 단체로부터 강의 초청을 받는 일이 잦아졌다. 그중에서도 샌프란시스코 한국인 연합감리교회의 '레인보우 클럽'(Rainbow Club)은 규모도 컸을 뿐만 아니라(남녀 50여 명), 회원들이 적극적으로 질문하며 활기찬 분위기를 만들어 주는 모임이었다. 나는 아내와 함께 먼 길을 여러 차례 오가며 회원들과 인연을 맺었고, 결국 그 인연이 이어져 이 감리교회에 정식 교인으로 등록하게 되었다. 당시 샌프란시스코 차이나타운에 위치한 이 교회는 미국 본토에서 가장 오래된 한인 교회로, 일제강점기 때 장인환과 전명운 같은 독립운동가들이 활동 거점으로 삼았던 역사적인 의미를 지닌 곳이라고 했다.

[사진 16-2] 상항감리교회 레인보우클럽의 100회 교양강좌

그리하여 주일 아침이면 우리 부부는 아홉 시에 집을 떠나, 포도밭을 지나 금문교(Golden Gate Bridge)를 건너 한 시간 반을 달려 교회에 도착했다. 우리의 주일은 마치 기다려지는 나들이와도 같았다. 예배 후에는 주일에 한 번 만나는 교우들과 환담을 나누었고, 돌아오는 길에는 베이브리지(Bay Bridge)를 건너 둘째 아들 집에 들러 두 손녀들과 함께 저녁을 먹은 후 귀가하는 것이 우리의 주일 일정이었다. 그렇게 우리의 주일 하루는 유난히도 분주하게 흘러갔다.

(3) 실향민들과의 만남; 여러 교회와 모임에서 교양 강의를 하며 만난 이 지역의 한국 노인들은 거의 모두가 1965년 미국 이민법 개정 이후 가족 이민을 통해 한국에서 이주해와 개인 사업을 하다가 은퇴한 분들이었다. 그런 까닭에, 그들은 하나같이 우리 부부의 제3국 생활에 대해 큰 관심을 보였다. 교회나 교양 강좌에서 만난 가족들끼리 친목 모임이 형성되었는데, 그 모두가 고향을 그리워하는 망향(望鄕)과 타향에서 속절없이 늙어가는 실향(失鄕)의 아쉬움을 달래기 위해 서로 만나며 시간을 보내고 싶었던 것이 아니었을까 싶었다.

그 중 한 모임은 샌프란시스코 북부 지역에 거주하는 10가정이 매달 한 차례씩 돌아가며 각 가정에서 저녁 식사를 나누며 이민 생활의 이야기를 밤늦도록 주고받는 '논지회'라는 클럽이었다. 두 번째 모임은 골프를 즐기는 부부 6가정이 매월 마지막 화요일에 함께 라운딩을 한 후 저녁 식사를 하는 'TGA'라는 골프 모임이었다. TGA는 종종 여러 지역을 여행하며 골프를 즐기곤 했으나, 세월이 흐르면서 10년을 넘긴 뒤 회원들이 하나둘씩 세상을 떠나게 되면서 결국 해산되고 말았다.

(4) 42년 만에 찾아간 고향, 북조선; 은퇴 후 나는 인도네시아를 시작으로 매년 두세 차례씩 해외여행을 할 기회가 있었다. 그중에서도 가장 흥분되었던 여행은 1992년, 1950년 12월에 떠나온 고향을 42년 만에 다시 찾아간 기적 같은 경험이었다.

산호세 한인장로교회에서 알게 된 한 장로님의 소개로 우연히 시작된 북조선 정부의 '이산가족 찾기' 프로그램을 통해 누님과 동생과의 편지 연락이 성사되었다. 그리고 북조선의 '해외동포 고향 방문' 정책 덕분에 42년간 그토록 그리워하던 고향을 방문할 기회를 얻게 되었다. 1992년 11월, 2주간의 방문 중 3박 4일을 원산의 누님 댁에서 동생 가족과 함께 지내며, 고향 황석리에 있는 부모님과 매형의 산소를 찾아 참배할 수 있었다. 또한, 누님의 70세 생일을 축하하는 자리에서 많은 새로운 가족들을 만나볼 수 있었다. 귀국 후에는 샌프란시스코 지역의 조간지 한국일보에 나의 여행기를 8회에 걸쳐 연재했다(참조: 제17장).

[사진 16-3] 42년 만에 만난 누님과 동생과 함께 부모님의 산소에서

(5) 중국해남도; 은퇴 후 두 번째로 기록할 만한 여행은 중국 정부의 초청으로 중국 해남도(海南島)에서 열린 댕기열병(Dengue Hemorrhagic Fever, DHF) 예방 및 방제 워크숍(Workshop)에 참석한 2주간의 일정이었다. 사실, 나에게는 WHO 재직 시절이던 1982년, 항저우(Hangzhou)에서 비슷한 워크숍을 주관했던 경험이 있었다. 그 워크숍은 중국이 WHO 회원국이 된 지 불과 2년 만에 열린 행사로, 중국 보건 당국으로부터 많은 주목을 받았다. 비록 퇴직 후에도 여러 차례 기술 관련 행사에 초청된 적은 있었지만, 이번처럼 중국 정부로부터 직접 초청받은 사례는 뜻밖이었다. 특히, 남조선 출신인 나에게 이러한 기회가 주어졌

다는 사실은 개인적으로도 큰 자부심을 느끼게 했다.

해남도(海南島-Hainan)는 중국에서 가장 큰 섬이자 인구 밀도가 가장 높은 지역 중 하나로, 지도상으로는 베트남(월맹)과 가까운 준열대 지역에 위치해 있다. 이번 워크숍은 WHO가 주최했지만, 베이징 중앙정부와는 별개로 해남도 보건 당국이 자체적으로 조직한 행사였다. 중요한 강좌 일부만 WHO 자문관들에게 맡긴 형태였기에, 현지 보건 당국이 직접 주도한 점이 인상적이었다.

[사진 16-4] 중국 해남도에서 열린 WHO 댕기열병 워크숍

(6) 연변과학기술대학; 1994년 초, 낯선 전화 한 통을 받았다. 전화를 건 사람은 중국 연변과학기술대학(과기대, Yanbian University of Science & Technology)의 총장 김진경 박사로, 자신을 소개하며 나를 직접 만나보고 싶다고 했다. 샌프란시스코의 한 호텔에서 만난 김 총장은 과기대의 도서관과 기숙사 건설을 위한 미국 내 모금 운동에 힘을 보태달라는 간절한 요청을 했다. 당시 김 총장은 한국과 미국의 한인 교회들에서 모금한 후원 자금으로 본관 건축이 완료되었다고 설명했다.

김 총장의 제안은, 자신의 미국 내 모금 활동에는 한계가 있기 때문에 장기적이고 체계적인 후원 전략을 이끌어줄 사람이 필요하다는 것이었다. 나는 WHO 같은 국제기구에서 재직한 경력과 경험을 바탕으로, 과기대 설립 취지와 모금의 필요성에 관한 강연이나 홍보 문서를 전달하는 역할을 맡기로 했다. 단, '돈'과 직접적으로 관여하지 않는다는 조건을 명확히 했다. 이에 따라 모금 자금은 과기대의 공식 은행 계좌를 관리하는 발티모어(Baltimore) 장로교회의 최 장로님에게 위임하게 되었다.

김 총장의 제안에 따라 나는 과기대 명예교수의 신분으로 샌프란시스코 지역을 시작으로 후원 홍보 활동을 펼쳤으나, 그 성과가 얼마나 있었는지는 정확히 알 수 없었다. 그러나 과기대의 성장에 조금이라도 기여하고 싶은 마음에서, 당시 현대사상사에서 출간 예정이던 나의 첫 저서(1994)에 김 총장의 추천 글을 서문으로 싣기로 했다. 또한, 책 제목도 원래의 『인간생태학』에서 보다 직관적이고 호소력 있는 『신음하는 지구촌』으로 변경했다. 이후, 김 총장이 한국 이민 교회들을 방문하며 모금 활동을 펼칠 때마다, 내 책을 과기대를 대표하는 선물로 활용했다.

이렇게 맺어진 과기대와의 인연으로, 나는 두 차례나 자비로 아내와 함께 연변을 방문하게 되었다. 첫 번째 방문은 후원 활동을 시작할 무렵이었다. 과기대의 명예교수로서 연변을 한 번 방문하는 것이 좋겠다는 판단 아래, 한 주간 머물며 '인간생태학'이라는 주제로 강연을 진행했다. 또한, 일제강점기 당시 나의 두 숙부님(셋째와 다섯째)이 문화서점을 운영하며 생활하셨던 용정시를 방문할 기회도 얻었다. 두 번째 방문은 1994년, 과기대가 주최한 국제회의(Conference on Economic Cooperation)에 참석하기 위해서였다. 나는 과기대 명예교수로서 '빈곤과 교육'(A Dreaded Cycle of Poverty and Education in Asia)이라는 주제로 논문을 발표했다. 회의를 마친 주말, 우리는 회의에 참석한 독일에서 온 한인 교포들과 함께 두만강을 건너 백두산을 오를 수 있었다. 그곳에서, 강바닥이 훤히 드러나 초라하게 흐르는 두만강을 바라보며, 멀리서나마 고요하고 쓸쓸한 천지를 마주하는 기회를 가졌다.

[사진 16-5] 과기대의 안내로 방문한 백두산 천지(1994)

내가 과기대와의 인연을 자연스럽게 정리하게 된 것은 1995년 6월, 인도네시아 정부의 초청(직업훈련 프로젝트)으로 인해 30개월 동안 미국을 떠나야 했기 때문이었다(참조: 제18장). 그러나 그것만이 유일한 이유는 아니었다. 과기대의 설립 목표에 대한 김 총장의 취지, 즉 '중국의 MIT'를 만든다는 비전에 나는 끝까지 동의하기 어려웠다. 이에 대해 나름대로 분명한 네 가지 이유가 있었다.

1) 조선족만을 위한 MIT를 중국정부가 그대로 방치하겠는가?
2) 한국 교회들이 과연 타국에 MIT를 세우는 일에 헌금을 계속할 것인가?
3) MIT 수준의 교육을 받은 조선족 졸업생들이 과연 얼마나 취업할 수 있겠는가?
4) MIT식의 고등 교육보다는, 단기 기술 기본훈련을 통해 중동 지역에 진출한 한국 기업들에 인력을 공급하는 것이 더욱 실질적인 교육 효과를 거두는 길이 아닐까?

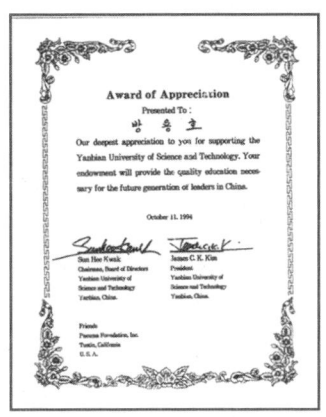

[사진 16-6] 연변과학기술대학의 감사장

(7) 야외운동: 우리가 나파라는 시골에 정착한 이유 중 하나는 골프라는 야외 운동으로 쉽게 소일하기 위해서였다. 그래서 주택을 구매한 같은 주간에 평생회원이 된 나파 컨트리클럽에서 우리는 보다 많은 시간을 보냈다. 같은 코스에서 같은 사람들과 그 많은 시간을 보내도 싫증이 나지 않았기에, 골프는 노인 운동으로서 매우 적합하다고 생각되었다. 여자 회원들은 여성들끼리, 그리고 60세 이상의 남자들은 시니어(Senior) 그룹을 만들어 다른 컨트리클럽들과 친목을 도모하며, 40여 명이 매월 한 번씩 버스를 대절해 서로 골프장을 바꿔 가며 경기를 즐겼다. 오고 가는 버스 안에서도 우리는 노후생활에 필요한 다양한 정보를 주고받으며 친목을 다졌다.

클럽을 오가는 길가에는 은행, 우체국, 보험사, 병원, 여러 상점들이 있어 생활에 큰 도움이 되었다. 그리고 골프장에 인접한 남쪽 언덕에는 역사 깊은 공동묘지(Tulocay)가 있었다. 우리는 종종 클럽에서 돌아오는 길에, 나파로 이주한 다음 해에 미리 마련해 둔 우리의 묘지를 찾아가곤 했다.

(8) 소일꺼리 집필(執筆): 이민 생활을 하면서 새로 만나는 사람들은 하나같이 우리 부부의 제3국(열대 후진국) 생활에 관심을 보였고, 그것을 글로 남긴다면 자신들의 이민 생활에도 도움이 될 것이라며 집필을 권유했다. 이러한 지나가

는 이야기들이 나에게 글을 써야겠다는 동기를 심어주었고, 결국 나의 저술 생활이 시작되었다. WHO 재직 기간 동안 많은 논문을 영문으로 발표했지만, 한국어로 글을 쓰는 경험은 없었기에 우선 서울에서 사전(辭典) 세 권(한국어, 영문, 한영)과 대영백과사전(Encyclopedia Britannica)을 구매했다.

미술이나 음악에 특별한 재능이 없는 나에게는 독서를 하며 문헌을 탐구하고 글을 쓰는 일이 노후의 이상적인 소일거리라고 생각되었다. 아침저녁뿐만 아니라 낮 동안 토막 난 시간에도, 나는 퇴직 전부터 수집해 온 환경 보호를 주제로 한 인간 사회의 환경오염과 파괴에 관한 문헌들을 참고하며 글을 쓰기 시작했다. 그렇게 하면서, 전에는 느껴보지 못했던 새로운 보람을 경험하게 되었다. 그 당시에는 오늘날처럼 편리한 컴퓨터 소프트웨어가 없었기 때문에, 초고는 공책에 연필로 직접 써 내려갔다. 이후에는 서울에서 구입한 자동문서작성기(Word Processor)를 사용하여 원고를 정리했다.

약 3년에 걸쳐 원고가 윤곽을 드러내기 시작할 무렵, 교회의 담임 유석종 목사의 소개로 한국기독서회의 현대사상사와 출판 계약을 맺게 되었다. 계약 조건은 출판사가 출판 비용 전액을 부담하는 대신, 저자가 저작권을 포기하는 것이었다. 대신, 무료로 50권을 제공받고, 추가 구매 시 30% 할인된 저자 우대 가격으로 구입할 수 있었다. 출판 계약이 성사되면서, 나는 서울에 원고를 보내기 위해 교회 여자 집사님들의 도움을 받아야 했다. 무려 3개월에 걸쳐, 공책에 연필로 쓴 글들을 원고지에 일일이 옮기는 작업을 해야 했기 때문이다. 그리하여 1994년, 나는 처음으로 한글로 된 393쪽 분량의 환경 교양서적 『신음하는 지구촌』의 저자가 되었다(참조: 제19장).

이 환경도서가 얼마나 현대사상사에 시장성이 있었는지는 알 수 없어도, 기독교서회는 창립 105주년을 맞이하는 기념행사에서 나에게 저작상과 상금을 주웠다. 그것이 인연이 되어 현대사상사는 나의 두 번째 환경도서인 『물 있는 사막』(1995)을 출판했다.

[사진 16-7] 대한 기독교서회에서 수여한 저작상(1995)

『신음하는 지구촌』은 환경에 미치는 인간의 소행(Behaviour)을 중심으로 하는, 생태계(生態界)의 일원으로서의 인간의 위치를 정의하는 인간생태학(Human Ecology)에 뿌리를 두고 있다. 이 주제는 WHO 재직 중 관여했던 매개 동물에 의한 전염병들의 유행경로들을 조사연구하면서 시작된 나의 관심사였다. 이 과제는 내가 은퇴하기 전 마지막으로 인도 전염병학회지(Ind. J. Com. Dis. 20(1988))에 발표한 바 있다. 이 논문에서 나는 열대 동남아시아 지역에 만연한 모기를 통해 전염되는 질병들을 생태학적 질병(Ecological Diseases)으로 규정하며, 그 원인이 인간의 행위에 기인한다는 점을 지적한 바 있다.

17

42년 만에 찾아간 고향, 북조선

 이산가족 찾기

    6.25전쟁이 발발한 지 40년이 지난 1990년경, 38선 이북 고향 땅에 남겨 두고 온 가족들의 행방을 찾아주는 이른바 '북조선 당국의 해외동포 고국 방문 프로그램'이 있다는 소문이 들려왔다. 나는 이 프로그램이 해외 교포들에게 이산가족을 찾을 기회를 제공하는 한편, 북한 정부에도 두 가지 이득을 가져다줄 것이라 생각했다. 첫째는 선전(Propaganda) 효과이고, 둘째는 외화(外貨) 획득이었을 것이다. 이 소식을 접한 것은 1990년 봄, 마침 미국에서 노후생활을 시작하며 주택을 마련하던 시기였다.

    캐나다 토론토에 사는 전충흠 씨가 보내준 '이산가족 찾기 신청서'에 나는 원산에 살고 있을 누님과 동생의 나이와 주소, 그리고 고향 황석리에 계신 둘째 숙부님과 몇몇 사촌들의 이름을 기재했다. 그로부터 3개월 뒤, 나는 42년간 생사조차 알 수 없었던 동생으로부터 한 통의 장문의 편지를 받았다. 편지에는 누님과 고향 친척들의 소식이 상세히 기록되어 있었다. 42년 만에 알게 된 가족들의 생

---

* 본 노후 여행기는 미국 북가주 일간지 『한국일보』에 1993년 1월 13일부터 8회에 걸쳐 연재된 북조선 방문기를 요약한 것이다.

사 소식, 그 벅찬 기쁨과 감사를 무엇으로 표현할 수 있을까. 나는 동생의 편지에 기록된 고향(38선 이북)의 가족들과 남한 및 해외에 흩어진 가족들을 몇 번이고 다시 세어 보았다(사진 17.1).

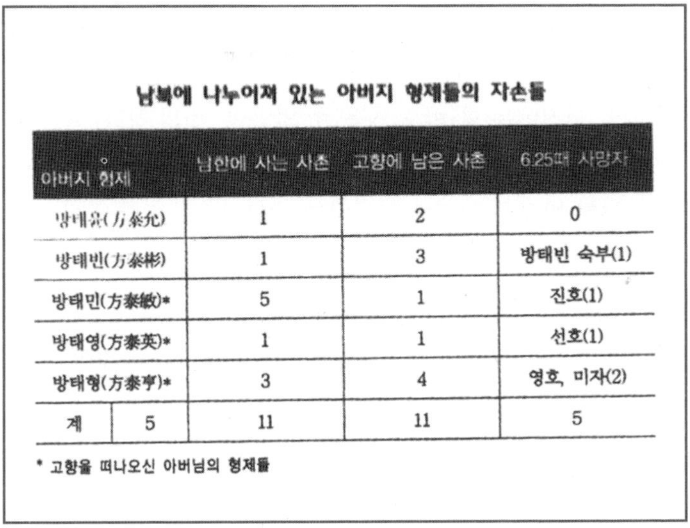

남북에 나누어져 있는 아버지 형제들의 자손들

아버지 형제	남한에 사는 사촌	고향에 남은 사촌	6.25때 사망자
방태윤(方泰允)	1	2	0
방태빈(方泰彬)	1	3	방태빈 숙부(1)
방태민(方泰敏)*	5	1	진호(1)
방태영(方泰英)*	1	1	선호(1)
방태형(方泰亨)*	3	4	영호, 미자(2)
계 5	11	11	5

* 고향을 떠나오신 아버님의 형제들

[사진 17-1] 남북으로 나뉜 아버지 형제들의 자손들

동생의 편지에서처럼 나도 남한과 자유나라들에 사는 식구들의 현황과 함께 내 가족들의 사진을 동봉한 편지를 썼다. 전충흠씨의 지시대로 푸른색 봉투에 다음과 같이 타자로 주소를 쓰고, 내가 직접 우체국에 가서 우표를 붙이고 내손으로 우체통에 넣었다. 한 달이 걸려도 좋으니 아무쪼록 내 동생이 받아 볼 수만 있으면 얼마나 좋을까하는 간절한 마음으로 나는 우체통을 몇 번이고 뒤돌아보았다.

방 일호 앞

강원도 평창군 북계리 6반

조선민주주의 인민공화국

Democratic People's Republic of Korea(North Korea)

해외동포 고국방문

이렇게 편지가 오고 가는 사이, 1992년 11월 정충흠 씨로부터 그토록 간절히 바라던 가족 방문이 허가되었다는 소식이 전해졌다. 2주간의 숙식과 기타 비용을 포함한 총 여비는 미화 300달러였으며, 입국 사증(Visa)은 중국 베이징에 있는 북조선 대사관에서 발급받아 당일 조선민항(朝鮮民航)을 이용해 입국하라는 지침이 내려왔다. 아무리 공식적인 절차를 밟아 정상적으로 비자를 받고 방문하는 여행이라지만, 이전에는 한 번도 넘을 수 없었던 '철의 장막' 속으로 들어가는 일이었다. 이러한 이유로 함께 수속을 시작했던 산호세의 이학근 장로님은 결국 아내의 반대로 고향 방문을 중도에 포기하고 말았다. 6.25 당시 아버지를 인민군에게 납치당했던 아내는 나의 방문을 관용적으로 허락해 주었으나, 한국에 있는 몇몇 사촌들은 강하게 반대했다. 그들의 이유는 단 하나였다. 나의 고향 방문이 세상에 알려지면 자신들이 한국 정부로부터 감시를 받게 될 것이라는 것이 이유였다.

상항에서 직행으로 북경에 가는 비행기예약을 해 놓고 나는 누님과 친척들에게 나누어줄 선물준비에 신경을 모았다. 여러 날 고민 끝에 아내의 도움을 얻어 누님에게는 오리털 침량(Sleeping bag), 실내용 털신 그리고 수동식 손목시계와 누님의 두 손녀에게는 영어책 두 권과 학용품 몇 점을 준비했다. 그리고 다른 친척들에게는 돈으로 대신하기위해 수 천불을 20불, 50불 그리고 100불짜리로 준비했다. 그리고 아이들에게 나누어줄 선물은 생각 끝에 Salvation Store에서 중고품 의복을 한 가방을 장만 했다(내가 다녀온 후에 그들이 나의 방문 때문에 혹시 이웃으로부터 오해를 받을 것을 우려하여).

나 또한 사치스럽지도 초라하지도 않게, 수년 동안 입지도 않던 헌 양복에 검은색 도보용 세무구두를 신고, 큰 아들이 입던 겨울용 레인코트를 들고 비행기를 탔다. WHO직원으로서 출장이 있을 때면 투숙하던 베이징호텔에서 하루 밤을 지내고 평양으로 출발하는 1992년 11월 16일 날 아침, 입국사증을 받기위해 북조선대사관에 갔다가 영사관에서 미국에서 같은 목적으로 평양에 가시는 옥선생과 여자 세분을 만났다. 그들은 하나같이 쫓기는 사람들처럼 초조하고 불편하게 보였으며 그리고 믿지 못하는 불안 탓인지 같은 질문들을 여러 번 반복하고 있었다.

여행을 같이 하게 된 미국에서 20여년을 살았다는 옥선생님은 베이징 비행장에서는 초과한 짐 무게 때문에 그리고 평양비행장에서의 입국절차에서도 가는 곳 마다 시비가 있었다. 여권심사에서는 영어를 섞은 한국말로 대답을 하다가 미움을 받았고 세관검사에서는 의류를 포함한 대부분의 선물들이 한국제품(Made in Korea)임으로 압수를 당하는 고통을 면할 수가 없었다. 그래서 우리 일행의 입국수속은 2시간이나 지연 되었다고, 우리의 여행을 담당할 정부에서 파견된 안내원 신동무가 말했다.

우리는 오후 늦게 보통강호텔에 도착해서, 나는 숙박객들에게 요구되는 신상카드를 받아 불빛이 밝은 창가에 가서 기록했다. 수양버들이 늘어진 보통강 언덕에 서있는 호텔은, 겉으로는 아름답게 보였지만 오래된 건물인 듯싶었다. 나는 일행 다섯 중에서 언제나 제일 나중으로 행동함으로서 방배치도 마지막으로 2층 대신 나만은 3층의 남향독방을 배당받았다. 안내원에 따르면 우리는 수일간 이 호텔에 머물면서 관광명소를 방문한 후 고향으로 떠나게 되는데, 그 날자와 시간은 정해지는 대로 훗날 알려줄 것이라고 했다. 보통의 단체관광과는 달리 매일의 일정(Itinerary)도 당일 날, 출발 직전에 알려주는 것이 특색이었다.

특별한 경우를 제외하고는 우리는 호텔에서 하루 세끼 부페(Buffet)식 음식을 먹었다. 반찬마다 기름기가 적고 간이 맞아 나에게는 매우 이상적이었다. 식사 때면 일정이 다른 고국방문 일행들을 볼 수 있었다. 그들 역시 무엇인가에 쫓기는 사람들처럼 초조하고 불안하게만 보였다. 미국사회에서 보는 인사성도 웃음도 없이, 모두가 숨기고 바쁜 일과를 지닌 사람들과 같이 대화도 없이 먹는 것에만 열중하는 모습은 선진국에서 사는 사람들같이 않았다. 어쩌면 비밀로 유지되고 존재하는 사회의 모습이 아닌가 싶었다. 그러나 후진국의 이상한 환경에서 지내온 나에게는 그 모두가 이해되고도 남음이 있었다.

평양에서의 첫날은 관광이라기보다 공식방문을 하는 외국손님에게 흔히 있는 북조선 김일성주석의 생가인 만경대를 시작으로 태성산에 있는 혁명순교자들의 묘소, 민수봉에 자리 잡고 있는 혁명박물관에 안내를 받았다. 둘째 날과 그 다음 날도 높이 170m나 된다는 주체탑, 만수대 의사당, 만경대 어린이 회관, 모란봉, 방공호같이 깊은 지하철 등등, 자랑하고 싶은 처소들을 보여 주었다.

셋째 날 오후에는 이산가족 방문프로그램을 대표하는 요원들이 주관하는 3시간의 강의가 있었다. 주로 북조선을 소개하는 선전과 조국방문의 의미와 주의사항에 대한 교육이었다. 그 강연의 뒤이어진 휴식시간이 끝난 후에야 비로소 기다리던 친척방문의 일정과 안내원이 배정되었다. 나는 평양에 도착한날 비행장에서 소개받은 안내원 신동무와 함께, 3박 4일이라는 일정으로 오늘 밤 원산으로 가는 침대차로 평양을 떠난다는 것이었다. 그러나 불행하게도 옥선생은 황해도에 있는 고향으로 갈 수 없다는 일방적인 통지를 받고 실망이 이만저만이 아니었다.

 원산에서 3박 4일

1992년 11월 20일 아침 8시 평양에서 평강으로 가는 밤 열차에서 내가 안내원 신 동무와 함께 내릴 때 원산 역에는 일기예보에도 없었던 눈이 내렸다. 그 기나긴 세월 소식조차 알 수 없었던 누님이, 외아들과 꽃을 든 손녀딸과 함께 나란히 서서 나를 맞아주었다. 이 순간을 위해 42년간을 참고 기다리는 동안, 어느새 할머니가 된 누님과 나는 서로 껴안고 소리 없는 눈물을 흘렸다. 원산에서 잠시 쉬고 있는 기관차도 함께 온 손님들도 우리 남매의 만남을 조용히 애처로운 눈으로 바라보고 있는 듯 했다.

[사진 17-2] 42년 만에 만난 누님과 함께
(1992년 11월 20일)

  그 옛날 매형이 그렇게 사랑했던 누님의 아름답던 그 예쁜 얼굴, 작고한 어머니를 대신해서 우리 형제에게 늘 웃어주시던 얼굴, 고달픈 삶에 지친 주름진 얼굴, 근심의 긴긴 밤들을 참으며 오늘을 기다려 주신 얼굴, 그리고 죽은 줄만 믿었던 동생이 이렇게 살아서 의젓하게 찾아온 기쁨을 감추지 못하는 누님의 얼굴을 나는 한마디 말도 못하고 그저 바라만 보았다. 이렇게 누님을 다시 만난 것은 꼭 보름이 모자라는 42년만이었다. 그러니까 1950년 겨울 원산부두에서 철수하는 LST를 기다렸으나 기회를 못 잡은 나에게 주먹밥을 주시면서, '어디 가서든지 살아만 있어라'는 누님의 부탁을 듣고 집을 나선 날이 바로 12월 5일 저녁시간이었다. 그 긴 42년이란 세월, 이 고향땅에서 나를 희미하게나마 살아있을 것으로 믿고 기다려 주신 누님이시다.

  오후 늦게 평강수력발전소의 지배인으로서 근무한다는 내 유일한 남동생 일호(日鎬)내외가 외동딸과 함께 와서, 세 남매가 생전 처음으로 저녁식사를 함께 했다. 살아 있음이 이토록 고마울 수가 없었다. 생존 처음 만나게 되는 외삼촌을 위해 원산제약회사에 과장으로 근무하는 누님의 아들과 고급 중학교의 수학교사인 누님의 며느리는, 내가 떠나는 날까지 휴가를 얻고 있었다.

 찾아간 고향

나의 둘째 날은 구름 한 점 없는 따뜻한 겨울 날씨였다. 강원도 도청의 안내원 정동무가 준비한 차편으로 우리 형제는 누님을 모시고 부모님 산소를 찾아 떠났다. 출가한 누님이 친정에 올 때면 원산에서 기차를 타고 문평역에서 내려 십오리 길을 걷다보면, 그 긴 여름의 하루가 걸리던 길을 우리는 한 시간도 안 걸려 찾아왔다. 한 해의 농사를 마치고 겨울을 기다리는 골짜기에는, 예전처럼 뒷산에서 시작한 맑은 물줄기가 뒤를 따라붙는 겨울철도 모르는 채 한가하게 흐르고 있었다. 냇가를 따라 마을에 들어가면 뽕나무들이 줄줄이 서 있었는데, 내가 삼촌 댁에 얹혀 살 때 누에를 치기위해 뽕잎을 따던 곳이다. 뽕나무밭 밑 빨래터에서는 그 옛날 마을 아낙네들이 조실부모한 나의 박복한 이야기들을 주저 없이 주고받던 곳이기도 하다.

시내를 끼고 양쪽 언덕에 제멋대로 서있었던 초가집들은 모두 기와집으로 변했으나 집들 사이에 서 있는 과실나무들이 잎을 모두 잃은 탓인지 유난히도 쓸쓸하게 보였다. 그 옛날 저 집들에서 살던 사람들은 우리 모자를 불쌍히 여기고 간장된장과 제삿밥을 나눠 주시던 고마운 분들이었다. 그들은 지금 어디에서 어떻게 살고 있는지? 모름지기 그들도 전쟁에서 살아남았다면 나처럼 고향을 떠난 떠돌이가 되었을 것이라고 생각했다.

나의 삶에 깊이 수놓아진 이 마을의 옛 사연들은 아랑곳없이 정동무의 차는 내가 한때 숙부님과 함께 농사를 짓던 천수답을 지나 아버지가 개간하시다 작고하신 과수원에 도착했다. 그 과수원 입구 왼편 언덕에는 남쪽을 향한 아버지묘소가 있었고 중심부에는 5째 삼촌이 우리 모자를 위해 지어주신 초가삼간이 있었다.

그러나 그 초가집도 아버지의 묘소도 그리고 키가 크고 작은 과일 나무들까지도, 그 옛날의 흔적은 찾아 볼 수가 없었다.

[사진 17-3] 어머니 산소에 머리 숙인 불효자식

아버지의 묘는 오래전에 과수원 가운데 이장되어, 지금은 다행히도 어머니와 함께 가지런히 자리를 하고 있었으나 묘석도 묘비도 없었다. 나는 누님의 양해를 얻어 먼저 어머님의 묘전에 한 걸음 더 다가서서 머리를 숙였으나, 불효자식이 이제야 찾아오게 되어 죄송하다는 말조차도 못하고 꽃을 든 채 마냥 서있었다. 너무나 오랜 세월 탓으로 할 말 모두를 잃어버린 것이 아닌가도 싶어지니 더 어이가 없었다. 함께한 시간이 더 짧았던 아버지와의 만남은 더욱 그러했다. 나를 따라 누님도 동생도 아무런 말도 없이 묘전에 마냥 앉아서 하늘과 땅을 차례로 쳐다보다가, 약속한 시간 모두를 흘려보내고 만 것이다. 얼마나 고대하고 마음 설레며 기다려온 이 시간이었는데! 돌아오는 길에 신동무의 양해를 얻어 매형의 산소에도 잠시 참배할 수가 있었다.

이산가족들의 상봉

셋째 날은 누님대신 누님의 외아들 덕남 조카, 동생 일호와 함께 시내관광을 했다. 42년 전 LST를 타기 위해 피난민들이 운집했던 원산부두, 명석동 언덕에 동해를 향해 서있는 아파트 건물들, 전쟁의 상처에서 아직 회복 못한 송도원 해수욕장, 매형이 경영하던 자전거점포가 있었던 중앙로 등등이 나의 희미한 기억들을 되살려주웠다.

오후에 천내리에서 5째 숙모님의 식구들, 문천에서 둘째 숙부님의 자녀들 그리고 원산근교에서 사는 누님의 세 딸 식구들의 방문을 맞았다. 안방에 자리를 잡은 숙모님과 우리 형제를 제외하고는 마루에 모여 앉아 저녁식사를 하는 이 식구들은 모두 내가 처음 만나는 사람들이지만 낯설지 않았다. 이것이 바로 혈연의 탓이리라! 무엇이 저들을 저토록 즐겁게 해 주는지는 알 수 없어도 웃음과 대화가 그칠 줄을 몰랐다. 그들은 나에게 대답하기 어려운 정치적인 질문을 하지 않아서 기분이 더욱 좋았다. 그들이 그토록 성숙해서가 아니라면 두 안내원이 그렇게 주의를 시킨 것일 거라고 생각했다.

[사진 17-4] 이북 고향땅에 남아있는 나의 형제와 친척들
(누님 칠순잔치 날에 만난 가족들)

저녁식사가 끝난 후 두 안내원 동무는 '박사님 편히 쉬십시오' 라는 말을 남기고 떠났다. 누님은 나에게 오늘 도착한 모두에게 어제 밤처럼 내가 그간 어디에서 어떻게 살아왔는지를 들려주었으면 했다. 그들에게는 죽었다고 믿었던 내가 이렇게 살아 있고, 더욱이 초등학교를 졸업하고 농사를 짓다가 빈손으로 월남한 내가 숙부님처럼 예수를 믿는 사람이 되어 미국유학까지 하고 미국시민으로 살고 있다는 것 등등 궁금한 것이 하나둘이 아니었을 것이다. 그래서 나는 지난밤 우리 세 남매가 나눈 이야기들을 되풀이 할 수밖에 없었다. 그리고 WHO에 고용되어 아프리카와 동남아 여러 나라에서 근 30년간 지내면서, 기회가 있을 적마다 북조선관리들을 개인적으로 도와준 탓으로 지난 수일간 안내원들로부터 내가 이렇게 각별한 대접을 받고 있다는 이야기까지도 들려주었다.

밤이 깊어서야 나는 다섯째 숙모님과 마주 앉아, 월남하여 난민생활을 하시다 작고하신 숙부님의 이야기를 말씀드렸다. 그렇게 아름답던 숙모님도 기다리는 긴 세월에 못 이겨 어느덧 할머니로 변했고, 얼굴에는 분노와 원망으로 가득 차 있었다. 30세의 젊은 나이에 숙부님을 남으로 떠나보내시고, 기독교인이라는 이유로 어린 남매를 데리고 이곳저곳에 옮겨 다니시다가 수년전에 천내리 무연탄 탄광에서 일하는 아들을 찾아와 함께 사신다는 것이다.

나는 숙모님 앞에서 무릎을 꿇고 입을 열었다. 숙부님께서는 통일이 되면 즉시 고향으로 돌아오시기 위해 휴전선에 가까운 속초에서 그 날을 기다렸으나, 그 소원이 휴전협정으로 외면을 당하자 새 가정을 이루고 사시다 한 해전, 69세로 세상을 떠나셨다고 조심스럽게 말씀을 드렸다. 잠시 피신하기위해 집을 떠난 남편은 남한에서 새 가정을 이루고 자식들을 낳아 사시다 먼저 떠나셨다는 소식을 전해 듣는 숙모님의 허탈한 그 마음을 무엇으로 어떻게 이해 할 수가 있겠는가?

동족끼리 벌인 전쟁은 분명히 민족적인 치욕이기에 누구도 용서될 수 도 용서할 수도 없거니와 누구에게 원망 할 수도 없는 기구한 운명들임에 틀림이 없다. 숨 쉬는 목숨이 있다는 것 하나만으로 만족하고, 용서 못할 지난날들은 하나님의 자비에 맡겼으면 하는 바람으로 나는 숙모님의 얼굴을 몇 번이고 쳐다보면서 마음속으로 이해하시기를 갈망했다. 이렇게 원산에서의 나의 마지막 날 밤은 기쁘고도 슬픈 시간들이었다.

 누님의 칠순잔치

나흘째 날은 나에게 허락된 누님과의 마지막 날이자 누님의 70세 생일잔치가 펼쳐지는 날이었다. 사실 누님의 생일은 양력으로 11월 11일이었으나 미국에서 동생이 온다는 막연한 생각으로 새로 정한 날이 공교롭게도 내가 누님을 방문하는 마지막 날이 된 것이다. 조반 후, 누님의 사위 셋과 신동무가 두 시간이나 걸려 생일상을 차렸다. 잔칫상 중간에 크게 자리 잡은 문어를 중심으로 산해진미(山海珍味)를 담은 여러 접시가 두 개씩 대칭으로 진열되어 있었다.

큰상 뒤에 회색 치마저고리를 입으시고 웃음을 감추지 못하면서 아들부부로부터 큰 절과 술잔을 받는 누님은 오늘을 위해 사신 것처럼 행복하게만 보였다. 신동무의 안내에 따라 내가 두 번째에 이어 동생부부와 사촌들, 누님의 세 딸과 가족들이 나이 순서대로, 그리고 나의 사촌들과 오촌에 이르기 까지 누님의 만수무강을 위해 큰 절을 올렸다. 잔칫상은 곧 점심상으로 그리고 축하연으로 이어져, 너나 할 것 없이 축하노래를 불렀다. 그러나 작별의 시간은 사정없이 찾아와 안내원의 계획대로 먼 곳에서 온 친척들부터 한 가족씩 작별 인사를 나누고 돌아갔다. 두 안내원도 기차시간을 맞춰서 다시 오겠다고 하면서 아파트를 떠나고, 지난 며칠 동안 하루 세끼씩 20여명의 음식을 무연탄 불로 만들어낸 이집 며느리의 부엌도 조용해 졌다.

나는 짐을 챙긴 후 누님 곁에 누워 작별이야기를 나누었다. 누님은 내 처가 보내온 털신, 오리털로 만든 침낭 그리고 태엽으로 밥 주는 손목시계를 두고두고 잘 쓰겠다고 하시면서, 나에게 대신 고마움을 전해 달라고 하셨다. 내 가족사진을 다시 꺼내어 보시기에, 누님께서는 내 식구들이 사는 미국에 오시게 되는 날

[사진 17-5] 누님의 70세 잔칫상 앞에서 삼남매(1992년 11월 23일)

이 꼭 올 것이라고 말씀을 드렸다. 한 피를 나눈 형제의 만남은 누구도 방해 할 수가 없을 것이라고 말씀하시는 누님의 두 손을 잡는 순간, 내 가슴에는 '누가 우리를 그리스도의 사랑에서 끊으리오' 라고 하신 사도 바울의 말씀이 스쳐 갔다. 다시 만난다는 기약은 저 하늘에 떠 있는 구름과도 같은 것이기에, 나는 누님께 내년 봄 버드나무 두 그루를 아파트 뒤뜰에 심어 달라고 부탁 했다. 가지들이 자라서 그늘을 만들면 누님이 이웃들과 함께 그곳에서 여름날을 지내면서 다시 찾아오지 못하는 이 동생을 조금이라도 이해 할 수도 있을 것 같아서!

원산의 하루를 마감하는 겨울 해와 함께 평양으로 가는 열차도 출발한다는 기적을 울리자, 나는 누님과의 약속대로 웃는 얼굴로 '누님 아무쪼록 건강히 계세요' 라고 간단한 인사를 나누고 기차에 올랐다. 누님은 큰 소리로 '방동무, 우리 조국을 다시 방문해 주시요' 하면서 손을 흔들며 나를 기쁘게 떠나도록 웃어주셨다. 서둘러 떠나는 열차의 창밖으로부터 내 눈에 비쳐지는 온갖 것들은 오직 만

따스한 만남이었다는 생각뿐이었다.

평양에서의 마지막 주간

각자 친척방문을 끝내고 돌아온 우리들은 보통강 호텔에서 다시 만나게 되었다. 기다리던 금강산관광은 취소되고, 대신 1박 2일의 묘향산 기차여행을 하게 되었다. 묘향산은 평양에서 약 140Km 떨어진, 해발 1,900m의 아름다운 산으로 보였다. 이곳에는 수영장을 갖춘 고급호텔, 시내를 따라 자리 잡은 VIP용 청기와 집들과 정부건물들이 있는데, 그 중 둘은 김일성 부자가 외교사절로부터 받은 선물들이 진열되어있는 각별한 건물이었다. 나는 관광을 마치고 청기와집에서 하룻밤을 지냈다.

평양에 다시 돌아온 다음날은 모란봉, 능라도 그리고 50m의 높이를 자랑하는 개성아치(Arch of Triumph) 등등을 구경했다. 출발 날이 가까워지면서 공식일정은 점차로 줄어들어, 며칠은 호텔방에 설치에 놓은 선전용 비디오만으로 보았다. 그래도 매일 한 가지씩 기억에 남을 행사가 있었다. 봉수교회에서의 주일예배, 옥류정에서의 꿩고기 평양냉면, 골프연습장, 단고기 파티, 윤일상씨가 지휘하는 심포니.

떠나기 전 사흘을 앞두고 나는 주머니사정을 들쳐보게 되었다. 원산에서 누님 생일잔치가 끝난 후, 참석한 미성년들에게는 50불, 어른들은 100불, 누님과 숙모님은 200불, 그리고 나의 방문으로 학교를 결근(고등학교 수학선생)하면서 부엌에서 3박4일 수고한 누님의 며느리에게는 400불을 공개적으로 나누어주었다. 그리고 동생과 누님의 아들에게는 담배(Smoking)를 3개월 내에 끊는 약속을 누님이 보증한다는 조건으로 일본제 자전거 한 대씩을 사주었다. 그리고 두 안내원에게는 200불씩. 이렇게 쓰고 500불정도가 남았는데, 더 이상 쓸 데도 쓸 날도 없었다.

그 남은 돈을 누님에게 보낼 좋은 방법이 없을까하고, 생각과 생각을 거듭하다가 호텔매점에서 누님과 누님의 며느리에게 옷감 한 벌씩 사서 우편으로 보내기로 했다. 그런데 우송하기위해서 포장할 포장지를 구할 수가 없었다. 마침내 매점의 냉장고안에 있는 펩시 상자가 유리문을 통해 보이기에, 점원에게 저 펩시 모두를 사겠다고 했다. 여자 점원은 이 겨울철에 어떻게 저 많은 음료수를 혼자서 마실 것이냐고 묻기에, 나는 사실 저 음료수 펩시가 아니고 그 상자가 필요하다고 했다. 그 여점원의 배려로 나는 그냥 버려진 상자를 이용하여 옷감들을 차근차근 싸서 포장할 수가 있었다. 나는 이 소포를 통해 또 다른 경험을 했다. 원산 제약회사에 근무하는 누님의 아들 덕남이에게 전화로 소포를 보냈다고 알림으로 전화의 효율성과 그 소포가 얼마나 정확하게 배달되느냐에 대한 신뢰가 궁금했다.

평양을 떠나는 날 아침 뜻밖에도 누님이 덕남이 사무실에서 전화를 걸어왔다. 보내준 소포를 잘 받았다고 했다. 그리고 누님은 방동무, 이렇게 조국을 방문해 주어서 감사하며 앞으로도 조국을 위해 열심히 일해 달라고 하시면서, 예전처럼 의미 깊은 말만 간단히 마치고 수화기를 놓으셨다. 나는 이것이 누님과 나와의 마지막 육성일지 모른다는 예감이 들었다.

북경으로 출발하는 비행기 안에서 나는 '해외동포 이산가족방문' 프로그램이 만들어준 만남에 대해서 고마운 마음이 들었다. 즐거움으로 지음을 받은 인류에게는 그리움이라는 속성(屬性)이 있기에 하나님은 만남이라는 선물도 함께 주신 것이다. 고로 만남은 인생에 있어서 필연적(必然的)인 천륜(天倫)인 것이다. 그래서 오늘을 사는 세상 사람들은 얼굴과 얼굴, 눈과 눈 그리고 입술과 입술을 맞추어 가면서 마음을 나누면서 산다. 그런데 왜 내 고향 한반도에는 혈육의 만남까지도 방해하는 사람들이 있는 것일까?

고향 방문에서 돌아온 나에게는 동생으로부터 여러 차례 편지가 왔다. 동생은 은퇴하고 조그마한 사업을 하려고 하니 사업자금을 보내달라는 간청이기에, 그

내막(누구의 지시에 복종하여)을 잘 짐작하는 나는 '사업 설계서와 운영계획서'를 보내달라고 했다. 그 후로는 동생으로부터의 편지는 완전히 끊어지고 말았다. 내 누님은 그 버드나무 그늘 밑에서 미국에 있는 동생과의 다시 만날 날이 오기를, 일곱 여름을 기다리시고 세상을 떠나셨다는 소식을 수개월 후에야 인편을 통해 들었다.

※ 한국일보에 연재하는 나의 북조선 방문기가 끝난 후 나를 꼭 만나고 싶다는 평양말의 낯선 전화가 걸려왔으나 끝내 성사를 이루지 못했다.

18

인도네시아 직업훈련 프로젝트

 이동식 직업훈련

　나파에 정착한 1991년부터 인도네시아(인니)정부가 새로 시작하는 전염병연구프로젝트에 단기자문관으로 초청되어, 나는 아내와 함께 매해 한두 차례씩 자카르타에서 2-3주간의 호텔생활을 거듭해 왔었다. 1994년에도 같은 일로 우리가 '호텔 인도네시아'에 머물고 있었는데, 15여 년 전 함께 교회생활을 했던 젊은 사업가(이호덕장로)로부터 저녁초대를 받아 즐거운 시간을 보냈다. 저녁식탁에서 이사장은 우리부부에게 자기회사가 추진하고 있는 한국해외협력기금(EDCF)의 차관(Soft Loan)으로 이동식(移動式) 직업훈련(MTU, Mobile Training Unit)프로젝트에 관하여 설명해 주었다. MTU란 농촌경제 활성을 위한 직업훈련(Vocational Training)을 교사들이 훈련교재(Training modules)와 장비(Equipment)를 차에 싣고 훈련생들을 찾아가는 현지훈련인 듯싶었다.

　이 사장이 MTU에 금시초문인 나에게 이 프로젝트를 설명하는 이유는 우리가 지금도 이전처럼 인니를 좋아하는 마음이 변하지 않고 있느냐를 점검하려는 의도였다. 가능하면 이 MTU프로젝트의 교재개발 전문가로서 가담하게 될 한국노동부산하 직업훈련원의 5명의 교사를 대표로하는 수석자문관의 직책으로 초빙하고 싶다는 제안이었다. 내가 이 직무에 가장 적합한 이유는 무엇보다 WHO 재

제4부 나의 노후생활 첫 10년　149

직당시 5년 넘게 인도네시아 정부출입에 숙달된 경험으로 양국사이에 대두될 이견(異見)조절에 크게 도움이 된다는데 있었다.

MTU프로젝트는 두 나라사이의 두 군인출신 대통령이 시작하여 복잡한 정부 부처간의 여러 과정을 걸친, 한국형 직업훈련의 마지막 과정이라고 했다. 한국의 전두환대통령이 인니를 방문 할 때, 인니 대통령 수하루토(Soeharto)의 부탁으로 시작한 한국모델의 산업화를 목적으로 한국 기술교육전문가들이 여러 지방 군소재지(Regency)에서 5년간 시도했으나 한국에서와 같은 성공을 거두지 못했다고 한다. 그 주 원인에는 지금까지의 훈련은 도시민들을 대상으로 하는 교재인데 반하여 일반적으로 교육수준이 낮은 농민들에게는 부적절했다는 것과 훈련생들이 하나같이 한두 달 집을 떠나 훈련에 집중할 수 없다는데 있었다. 그리하여 제2단계로 시도하게 되는 MTU는 오지농촌의 부업(Subsidiary income)을 목적으로 교사가 훈련생의 마을현장을 찾아가는 방법이다.

내가 나름대로 이 프로젝트에 관심을 갖게 된 이유에는 이러한 기술훈련을 통해서 다소나마 침체된(Stagnancy) 농촌경제가 활성을 얻는다면, WHO가 그렇게 염원하는 각종 전염병들도 자연적으로 소멸이 될 수 있을 것이라는데 있었다. 이것이 바로 내가 인도의 전염병학회지에 발표한 인간생태학적 요인이 아니겠는가? 그리고 10수년전 WHO와 인연을 맺고 함께 일해 온 정부사람들이 얼마나 변했는가를 직접 눈으로 보고 싶은 마음도 있었다. 또 다른 이유가 있었다면, 내가 젊은 날 고향에서 숙부님을 따라 논농사를 하던 천수답(天水畓)이 그리워서 다시 그 섬나라를 찾아가고 싶은 마음이었을 것이다.

이런 저런 생각으로 수 주가 지나가는 어느 날 이호덕사장으로부터 등기우편으로 고용계약서가 왔다. 계약서에는 MTU개발팀을 대표하는 수석자문관(Chief Consultant)이라는 직분으로 30개월간이 명시되어 있었다. 계약기준은 아시아은행 등에서 표준화되어있는 해외차관의 시행수준에는 미달된 듯 했지만 주택과 운전기사와 함께 자동차를 제공해 준다는 조건이었다. 나는 전화로 두 요구조건을 제시했다. 첫째로 매해 한 번씩 미국에서 건강검진을 받아야 하는데, 나와 내 아내의 항공권을 왕복 비즈니스 클래스로 해 주는 대신 그 한 달간의 월급은 안 받는다. 둘째는 정부요인들의 출입국에 있어서 요구되는 환영환송은 수석자문관의 직무에서 제외한다.

두 번째 조건을 사전에 분명히 제시한 것은 아시아신생국 정부 관료들에게 있는 불필요한 관행을 잘 알고 있기 때문이었다. 이 프로젝트는 인니 노동부가 한국정부의 장기차관(30년 상환) 미화 $2,500만으로 추진됨으로 양국정부의 관리들의 왕래가 빈번할 것이 분명했기 때문이다. 채권자인 한국 측 입장에서 보면 경제기획원, 외환은행, 외무부와 노동부의 관리들은 모름지기 인니의 발리(Bali)섬을 한 번쯤은 염두에 둘 것이 아니겠는가? 두 대통령(최규하와 전두환)이 국빈방문으로 자카르타 비행장에 도착할 때도 환영 대열에 참석을 안 했던 내가 지금까지 해 본적이 없는, 더욱이 내 나이에 친척친지도 아닌 다른 사람을 비행장에서 기다린다는 것은 자존심이 허락하지 않은 일이었다.

다행히 내가 제시한 두 가지 조건이 모두 받아들여져, 나는 인도네시아 노동부와 정식으로 30개월간의 고용 계약을 맺고 1995년 1월 초 다시 자카르타 생활을 시작하게 되었다.

 훈련기술 자문단

이호덕사장이 동행한 MTU 사무실이 있다는 노동부는 숙소에서 15분 거리에 있었다. 본관 1층에 자리 잡은 자문관 사무실은 둘로 나누어, 각각 5명의 직업훈련전문가로 구성된 인니 팀과 한국 팀으로 구분되어 있었다. 이사장님의 소개로 자문관들 모두에게 영어로 간단한 인사를 전했다. 나는 직업훈련에 대한 경험이 많지 않으므로 여러분의 가르침이 필요하다고 말했다.

자문단의 주 업무는 인니 정부에서 선택한 총30개 직종(Trade)의 개별적인 학생용 및 교사용 훈련교재(Training modules)를 바하사(Bahasa) 인도네시아(인니 언어)로 작성하는 실내작업이었다. 수석자문관인 나는 한국자문관들이 만든 교재를 인이 자문관들이 쉽게 이해할 수 있는 영어로 수정하는 일이다. 각 직종마다 교재에 준하는 장비들이 선정되면, 양국 자문관들이 한 자리에서 토의 결정을 하게 된다.

직종을 불문하고 문제가 되는 것은 어떤 장비를 택하느냐에 있었다. 예를 들면 재봉(Sewing)기술직종에 있어서 어떤 재봉틀을 선택하느냐에 따라서 가격에 차이가 있을 뿐더러 손재봉틀도 아직 본적이 없는 사람들에게 전기도 아닌 전자식 기계를 가르칠 수가 없다는 등등. 인니 측에서는 자기들이 갚아야할 돈임으로 가능하면 더 많은 자재들을 현지에서 구매하는 장비를 선택하려고 한다면, 한국 측은 인니 시장에서 구하기 힘들고 장사가 될 만한 고가장비에 관심이 있었다. 재봉틀의 경우 한국 자문관들에게 손재봉틀은 지금이 어느 시대인데, 그리고 값이 얼마 안 된다는데 논쟁의 대상이 된다.

양국 자문관들 사이에 이견의 폭이 커서 합의에 도달할 수 없는 장비나 이수과정(Curriculum)에 대해서는 노동부의 주무자(노동부차관)에게 보고하여, 국가적 차원에서 합의하여 결정을 하게 했다. 이 고위상급자회의는 MTU프로젝트의 운영을 시초에 계획하고 총괄해온 정책적인 주무기관이라 하겠다. 여기에는 각 정부에서 이미 선정한, 국가를 대표하는 기업체대표와 이호덕사장도 포함되어 있는 것 같았다. 이런 점에서 MTU를 위한 한국차관은 내가 WHO 재직기간 경험한 차관들에 비해 좀 더 복잡한 것 같았다. 차관이나 원조 프로젝트에 수반되는 '이행 조건'을 당시 우리는 'String'이라고 불렀다. 예를 들어, 일본 자금이 지원될 경우 도요타 자동차를 사용해야 하는 것과 같은 조건이 그것이다.

수석자문관의 임무인 자문관들의 활동을 공식적으로 보고하는 월말보고서를 작성할 때면 나는 우리들이 만드는 훈련교재가 낙후(落後)된 농촌에 얼마나 도움이 될 것인가를 염려하는 마음이 들었다. 그런 생각에서 나는 교재를 개발하는 양국자문관들에게 새로운 기술개발에 있어서 절대적으로 고려해야하는 세가지 원칙(Principle)을 기회만 있으면 간접적으로 강조하곤 했다: 1)유용성(Usefulness); 2)가동성(Workability); 3) 실용성(Practicability). 그리고 그들에게 용기와 보람을 느끼도록 도와주고 싶은 마음에서 인니 통계청의 도서관에서 수집해온 통계재료들을 분석하여 인니의 극빈층(Poverty), 특히 농촌 극빈자수의 감소현황에 대한 재료들을 기반으로 강의와 더불어 토론을 거듭했다.

통계청 도서관에서 시작한 인니 농촌빈곤에 대한 나의 질문은 어떻게 빈곤자수가 1976년의 4,400만에서 1995년의 1,200만으로, 20년 사이에 3,200만(73%)으로 감소했는가? 그런데 왜 같은 기간에 도시 극빈자수는 고작 300만(30%)의 감소만 있었는가? 이에 대한 답은 농촌에서 도시로의 이주(移住)가 그 근본 원인이었다. 통계에 따르면 1960년대 도시인구는 전체인구의 15%였으나 1992년에는 33%로 매해 2.5%씩 증가했다. 따라서 농촌빈곤수가 감소했다는 것은 농토가 없는 소작인을 포함한 기술도 교육도 없는 빈곤층이 도시로 옮겨졌다는 단순한 의미인 것이다.

두 번째로 나는 통계청의 재료에서 노동부에서 1969년을 시작으로 계속하고 있는 각종 직업훈련에 대한 전모까지도 알 수 있게 되었다. 전국적으로 157여개 훈련원에서 총 3,291교사들에 의해서, 1994년까지의 25년간 80-1,200시간의 훈련을 이수한 인원은 53만 명에 달했다. 훈련범위도 기술(Technical), 창업(Entrepreneurship), 그리고 관리(Management)의 세 분야로 구분되어, 각 분야마다 기초반, 중간반 그리고 상급반으로 나누어져 있었다. 1974년부터는 도시빈곤층을 위한 MTU방식의 직업훈련을 시작되어, 1994년까지의 20년간 약 58만 명이 현장훈련을 이수 했다는 통계도 있었다.

이렇게 시작한 통계청도서관 출입에서 이 앞에 나는 이 섬나라의 극빈층의 실상을 설명할 수 있는 통계재료들을 수집할 수가 있었다. 그것을 기반으로 MTU 프로젝트를 끝내고 귀가하여, 나는 세 번째 교양서로 1999년 『One Dollar A

Day』을 출판할 수 있었다(참조, 제19장).

프로젝트 최종단계

훈련교본과 장비선정에 대한 자문관 팀의 작업이 완성단계에 도달하면서, 그 실효성을 검증하고 보충하기위해 현직 직업훈련교사들을 초청하여 시사(試寫)회를 여러 차례 지방에서 실시했다. 개발팀이 시사회를 하는 기간 내내, 인니 정부를 대표하는 회사는 최종적으로 결정해야할 자동차선정을 위해 노동부 고위인사들과 함께 서울나들이를 여러 번 했다. 그리하여 한때 한국의 새마을사업에 널리 보급되었다는 '현대 새마을차'를 최종적으로 선택했다.

1997년 6월 3일 대통령궁에서 한국 '새마을자동차'에 정착시킨 MTU장비 (Hardware)와 교재를 수하르트 대통령에게 '선'보이는 날짜가 정해졌다. 이 날이 정해지자 한국기관으로부터 더 많은 고위급인사들이, 내가 예측한 그대로 줄을 이어 자카르타를 방문했다. 이사장과 인니를 대표하는 회사는 물론, 한국노동부에서 손님이 오는 날은 우리 자문관들도 비행장에 나가는 날이었다. 나도 한국인들과 해외에서 일하는 지난 2년여 기간, 한차례 비행장에서 서울에서 오시는 손님을 환영하는 경험을 했다. 우리 이웃집에 합숙하고 있는 한국자문관들 중 한 분의 어머님과 부인이 생전 처음 해외여행으로 오시는데, 내가 비행장에서 환영하는 것이 상사된 도리라는 아내의 권고에 따라 예의를 지킨 셈이다.

양국자문관들이 지난 2년 반에 걸쳐 개발한 한국식 MTU교재와 장비가 대통령님의 마음에 들었는지, 1997/98 회계연도의 정부예산으로 전국적으로 MTU 370개가 보급될 것이라는 신문보도가 있었다. 신문기사는 이에 더하여 수하르트 대통령이 개인적으로 관여하고 있는 한 재단(Dana Sejahtra Mandiri Foundation)에서 400개를 제공할 것이라고도 했다.

6월 3일의 행사를 끝으로 노동부가 주최하는 MTU개발사업 최종 평가회의가 있었다. 이를 계기로 나는 수석자문관의 직무를 끝내는 작별인사를 하고 다른 팀원들보다 먼저 자카르타를 떠났다.

[사진 18-1] 인도네시아 MTU개발사업을 떠나는 나의 마지막 회의

제 5 부

나의 노후생활 두 번째 10년

나의 70대 노화기(老化期) 10년은
찾아오는 일거리가 자취를 감추면서,
대신할 소일거리로 저술과 출판, 여행을 하였다.
이러한 활동에는 예상치 못한 자금이 필요했으며,
그 부족한 노후용돈은 주식 거래로 충당했다.

제 19 장 | 저술: 이상적인 노후 일거리

제 20 장 | 노후여행의 진미(眞味)

제 21 장 | 노후용돈을 위한 주식거래

슬기로운 노후 준비

19

저술: 이상적인 노후 일거리

 저술(著述)

　글을 통해 읽을거리를 만들어 이웃과 나누는 과정에서, 인간은 새로운 깨달음을 얻고 인류 사회는 오늘날과 같이 변화하고 발전해 왔다. 모험과 위기를 극복한 체험, 그리고 전해 받은 지식을 호기심(好奇心)과 융합하여 체계적으로 정리하고 글로 남기는 일은 인간만이 할 수 있는 도전이다. 만물의 영장으로 태어난 인간은 근면함 속에서 자아실현을 추구하는 열정을 지니고 있다. 한편으로 집필(Writing)은 삶 속에서 마주했던 소신과 역경을 이웃에게 겸손하고 간접적으로 전하는 성숙한 마음의 표현일지도 모른다. 마치 메마른 땅에 나무 한 그루를 심고 정성껏 가꾸듯이, 글을 쓰는 일은 인간으로서 자신의 성장을 키워가는 긍지(Dignity)가 아닐까 한다. 더욱이 글은 필자의 인성과 긍지를 대변하기에, 집필에는 세심한 고민(Apprehension)과 온 정성(Sincerity)이 담길 수밖에 없다. 한번 쓰인 글은 지구의 종말까지 그 누구도 바꿀 수 없기에, 그 무게와 책임감이 더욱 크기 때문일 것이다.

　노후에는 저술보다 더 이상적인 소일거리가 없다고 나는 생각한다. 집필은 많은 시간이 소요되지만, 노후에는 젊은 시절에 비해 가장 풍족한 것이 바로 여유 시간이다. 글쓰기(作文)에 몰두하다 보면 시간 가는 줄 모르고, 때로는 식사 시간을 놓치기도 한다. 글을 쓰다가 생각이 막히면 사전이나 문헌을 천천히 찾아보며 새로운 지식을 보충하는 과정이 마치 젊은 시절 도서관을 찾았던 기억을 떠올리게 한다. 집필은 마음속 질문과 호기심을 글로 풀어내는 작업이기에, 늘 새로운 생각거리를 품게 되어 나태해지기 쉬운 노후생활에 생기를 불어넣어 준다. 생각의 재충전이 필요할 때면, 나는 뒤뜰에 심어 놓은 과일나무들을 바라본다. 게으른 주인을 만났지만, 나름대로 자신의 본분을 다해 열매를 맺고 자랑하는 그 모습이 나에게도 묘한 격려가 된다.

노후의 집필은 생업에 대한 경제적 부담이 없기 때문에 마음의 여유가 있어 더욱 즐겁다. 또한, 명예나 더 많은 독자를 얻기 위한 시장성을 고려할 필요가 없어, 억지스러운 글을 쓸 이유도 없다. 게다가 출판된 책을 통해 늙어가는 계절 속에서도 새로운 독자 친구를 만나는 기회가 생기기도 하니, 그것 또한 집필의 또 다른 즐거움이 된다.

노후의 소일거리

나는 문학적인 감각이 부족할뿐더러, 중·고등학교 과정을 6년간 거치지 못했기 때문에 한글 철자법조차 아내의 도움을 받아야 했다. 그럼에도 불구하고, 나는 노후생활 30년에 걸쳐 총 11권의 책을 집필하여 출판했다. 처음 두 번을 제외하고는 모두 자비로 제한된 부수를 출판했지만, 판매를 위해 광고할 용기와 힘이 없었다. 그래서 친지와 친척을 비롯해 인연이 있는 국내외 한인 교회들을 통해 책을 나누어 주었다. 그럼에도 불구하고, 나는 노후의 저술을 통해 새로운 사람들을 만나며 많은 것을 얻었다고 생각한다.

한 세대의 기억력은 세월과 더불어 쇠퇴하지만, 사고력은 그나마 유지된다는 느낌이 있었다. 나는 그 사고력과 호기심을 접목하여 의미 있는 무언가를 만들어 후세에 남긴다는 나름대로의 자부심도 느꼈다. 그간의 저술을 통해, 나는 선천적으로 부지런하고 부지세상(不知世上)에 대한 호기심이 많으며 꾸준한 성품을 지녔다고 스스로 생각하게 되었다. 그리고 그런 나를 세상에 태어나게 해 주신 부모님께 늘 감사한 마음이 들곤 한다.

[사진 19-1] 뒤뜰에 심은 과일 나무에서 수확한 후지사과

노후생활 30년간 집필하여 출판한 저서들

출판년도	저서 제목	쪽 수	출판사
1994	신음하는 지구촌	493	서울 현대사상사
1995	물 있는 사막	286	서울 현대사상사
1999	One Dollar A Day	239	Dorrance, Pittsburgh
2002	고향을 떠난 사람들	287	서울 지성사
2008	인생은 만남의 연속	239	미주도서출판 산책
2010	기독교인의 과외공부	358	북산책, San Jose
2012	물과 하천의 이야기	288	북산책, San Jose
2013	기독교인의 생태학	286	북산책, San Jose
2014	황혼의 막다른 길목에서	271	북산책, San Jose
2016	어른을 위한 인성교육	304	북산책, San Jose
2021	인생 90여정의 발자취	319	북산책, San Jose

『One Dollar A Day』

1999년 『One Dollar A Day』를 나의 세 번째 책으로, 11개 책 중 유일하게 영어로 저술하여 미국에서 출판했다. 나의 책은 책마다 나름대로 저술의 동기와 목적 등이 내제하고 있다. 예컨대 첫 번째 저서『신음하는 지구촌』은 나의 WHO 직장생활 말년에 고심했던 인간생태학(Human Ecology) 그리고 중국연변 과학기술대학과의 인연(참조: 제15장). 나의 세 번째 책은 30개월간 자문관으로 근무한 인도네시아의 직업훈련 개발사업(참조: 제18장), 그리고 대학시절 편지왕래를 통해서 인연을 맺은 미국인 펜팔(Pen Pal) 부부가 개입되어 있다.

여기『One Dollar A Day』란 한 사람이 하루에 미화 1불 미만으로 연명한다는, 1990년대 세계은행에서 극빈자를 편리하게 구분해온 빈곤지수(Poverty Line)이다. 내가 후진국생활을 끝낸 1990년, 세계적으로 13억(24%) 인구가 하루에 일불미만으로 삶을 이어간다고 했다. 국가적으로도 복지사업을 목적으로 각기 형편에 맞는 빈곤지수를 만들어 빈민인구를 추산하고 있다.

퇴직한 후, 나는 다행히도 30개월 동안(1993~1995) 인도네시아 정부(노동부)의 '이동식 직업훈련'(Mobile Training Unit, MTU) 개발 프로젝트에서 수석 기술 자문관으로 일하며 농촌 빈곤에 대해 공부할 수 있는 기회를 얻었다(참조: 제18장). 농촌 빈곤에 대한 자료를 수집하는 과정에서, 나는 인도네시아 통계청 도서관을 드나들며 빈곤과 관련된 조사 통계 자료를 모았다. 그러면서 자연스럽게 나름대로 다음과 같은 의문들을 스스로 제기해 볼 수 있었다.

[사진 19-2] 세 번째 저술:『One Dollar A Day』

1) 이 기름진 섬나라에 왜 빈곤층이 존재할까?
2) 사회적인 양극화(Disparity)
3) 가난에 대한 윤리적이고 종교적인 책임
4) 극빈자 없는 인도네시아의 촌락사회
5) 하루 미화 1불로 사는 인니 사람들
6) 농촌 빈곤층
7) 도시 빈곤층
8) 아동학대(Exploitation)와 어린이 고용
9) 빈곤과 교육
10) 빈곤층을 위한 정부시책(Poverty alleviation)

내가 수집한 통계자료와 문헌들을 책으로 출판한 이면에는 한 미국인 부부(Kenneth Davis)가 있었다. 이 백인 부부는 나의 펜팔가족이었다. 1955년 겨울 대학재학중 3년간 기숙하고 있던 세계대학봉사회의 학생관으로 미국시민들이 보내온 구호물자가 왔다. 나에게 주어진 물자는 깨끗이 손질한 중고 검은색 쪼끼였다. 고마운 마음으로 입어 보면서 주머니에 손을 넣어보니 종잇조각에 펜으로 Mr. and Mrs. Kenneth Davis 라고 쓰여 있었다. 때마침 나는 국가기술고시에 낙방을 하고 영어공부에 보탬이 될까하고 무연탄 난롯가에서 타자기를 치면서 단어들을 외우고 있을 때, 생전 처음으로 그 분들에게 고맙다는 영어편지를 쳐서 보냈다.

그 편지가 인연이 되어 우리는 정다운 펜팔우정을 계속하기에 이르렀다. 1960년 루이지애나대학(Louisiana State University) 대학원 재학시절의 여름에는 그 분들이 사시는 Indianapolis에까지 초대되어 이틀을 지냈다. 남남이 처음 만난 것 같지 않게 조금도 낯설지 않았다. 그 후 내가 박사학위를 끝내고 아칸서스대학에서 연구생활을 할 때는 그곳까지 부부가 오셔서 재미있는 시간들을 보내는가 하면, 내가 아프리카에서 근무 할 때 휴가(Home leave)로 구라파를 경유하여 미국의 두 아들을 만나러 갈 때면 그 분들의 집에서 쉬어 간적도 있었다.

내가 MTU 프로젝트에 부임하기 위해 자카르타로 출발하게 되었다는 소식을 전하려고 전화를 했는데, Mrs. Davis가 수일 전에 작고하셨으며 Mr. Davis는 현재 요양병원에 계시다는 소식이었다. 그래서 나는 그 간병인에게 우편으로 돈을 송부하니 그 분의 침실에 이틀에 한번 새 꽃으로 바꾸어 달라고 부탁했다. 우리 부부는 불가피하게 인도네시아로 떠나야 하기에, 둘째아들의 전화번호를 일러주었다. 우리가 자카르타에 새로 정착한지 약 반년이 지나는 어느 날 둘째로부터 전화가 왔다. 사유인즉 Mr. Davis가 사망하셨는데, 그분의 변호사의 전화에 의하면 Mr. Davis가 나에게 유산으로 $14,000을 남겼다는 것이었다.

[사진 19-3] 나에게 유산을 남겨주신 미국인 펜팔 부부

나는 그 유산으로 그들과의 인연을 생각하면서 인니 통계청 도서실에서 조사하고 수집한 재료들을 토대로 빈곤에 대한 책을 저술하여 그 분들의 영전에 바치고 싶은 마음이 들었다. 그리하여 나는 MTU 프로젝트를 끝내고 1997년 귀국한 후 계속 문헌들을 정리하여 1999년 미국의 한 출판사에 의뢰하여 『One Dollar

A Day』라는 제목으로 인도네시아를 중심으로 빈곤에 대한 책을 출판 하게 되었다. 그 책 첫 장에 다음과 같은 글을 써서, 나는 대학시절에 맺은 펜팔 부부의 영원한 안식을 기원했다.

This book is dedicated to the memory of the late
Mr. and Mrs, Kenneth Davis
who showed me the meaning of humanity.

 블로그(blog) 글마당

위스콘신 주의 한 농촌에서 영어목회를 하시는 감리교 조정래목사님이 저의 집을 방문 하시면서, 글 쓰는 의욕을 잃어가고 있는 나에게 생기를 회복시키시려고 중앙일보(blog.koreadaily.com)에 '나파 방박사 이야기'라는 'J 블로그' (글마당)를 설치해 주셨다. 조 목사님은 10여 년 전 중앙일보에 투고하면서 피차 글들을 통하여 알게 된 펜팔이다. 그는 한국육군 군목출신으로 깊은 인문학분야의 배경으로 신앙생활에 보탬이 되는 산문들을 집필해 오고 계셨다.

그리하여 나는 세월과 더불어 희미해져가는 상상력과 호기심을 되 살려 그런대로 남아있는 생각들을 다시 정리하여 글을 쓰면서 삶에 보람을 다시 느끼게 되었다. 은퇴 후 10번째로 출간한 『어른을 위한 인성교육』(1996)의 계속으로, 나는 한국의 사회질서와 한국인의 긍지회복을 위한 인성문제에 대한 인문학적인 산문 38편을 쓸 수가 있었다. 이렇게 '나파 방박사 이야기'는 '자부심과 열등감'을 시작으로 38번째의 '바이러스 전염병'이라는 과제였다. 블로그에 실린 글들에는 조회가 숫자로 나타나는데, 더러는 수백에 달하는 경우가 있어서 나를 더 긴장시켜 주었으나 'J 블로그' 서비스가 2020년 8월 말로 중단되었다. 때를 같이 하여 컴퓨터 앞에 앉아있는 나의 두 눈도 침침해지는 한계가 온 것 같았다. 그러면서도 나는 집필활동의 마지막으로 나의 90번째 생일에 맞추어 『인생 90여정의 발자취』를 쓰기에 이르렀다.

J블로그에 기고한 38편의 에세이 제목

1. 자부심과 열등감	20. 한국의 부정적인 국민성
2. 윗물과 아랫물	21. 분수대로 사는 지혜
3. 버려진 사진들로 만든 동영상	22. 진정한 개혁자가 되려면
4. 말의 미덕과 욕설	23. 선택의 지혜
5. 빈부의 양극화	24. 양심이 되살아나는 한국사회
6. 대중을 호도하는 엘리트	25. 처음 밟아본 광화문 광장
7. 이성이 흐려지면	26. 광장의 함성: 개구리 예화
8. 잃어버린 아버지의 과수원	27. 열정을 잃어가는 한국사회
9. 되돌아온 한국의 6월	28. 비겁하고 야비한 지성인들
10. 내 운명을 바꾸어놓은 세 만남	29. 한국엘리트의 행패
11. 42년 만에 누님과의 3박 4일	30. 원칙이 없는 한국정치
12. 한국을 움직이는 두뇌집단	31. 근본을 잃은 한국의 국민의식
13. 거짓이 범람하는 한국사회	32. 한국사회에 범람하는 거지근성
14. 물과 한국의 4대강	33. 갈림길에 선 한국의 사대주의
15. 한국의 국민성: 패거리	34. 우한폐렴 비상사태를 맞으며
16. 뉴델리 야무나 강가의 사람들	35. 비겁한 한국교회 지도자들
17. 처음 씻어본 아내의 발	36. 마음의 상처를 치유하려면?
18. 타락한 시민의식	37. 새로운 뜻을 지닌 어머니날
19. 대책 없는 한국의 지식인들	38. 바이러스 전염병 이야기

 90여정의 발자취

  2021년에 11번째로 발간한 『인생 90여정의 발자취』는 파란곡절로 수놓아진 나의 생애를 글로 엮은 이야기이다. 사회적으로 명성이 높은 시민이라면 이 책은 하나의 자서전이 될 수도 있을 것이다. 세간의 자서전에는 미달하지만 나는 나름대로 걸어온 90년이라는 골목길을 내 세 아들과 여섯 손주들에게 전함으로서 그들의 존재를 확신시키는 뿌리가 되기 위해서이다. 또 다른 바람이 있었다면 인생에는 수난과 역경이 있어도 참고 견디다보면 행복한 날들이 있기에 세상은 공평

하며 또한 살아볼만 하다고 전해주고 싶어서이다.

90의 생일을 맞아 출판사의 후원으로 나파한인교회에서는 고맙게도 생일감사예배와 출판기념회가 있었다. 이 모임에는 교인들 외에도 원근 각처로부터 여러 친지들이 참석했었는데, 그 중에 나에게 가장 반가운 손님은 뉴욕에서 온 나의 4촌 누이동생의 부부였다. 그녀는 나에게 만학을 기회를 주신 나의 5째 숙부님의 장녀이다. 그 날 나에게 그녀는 30년 전에 작고하신 숙부님이 이 모임에 우리와 함께 하시는 느낌이었다.

나의 11번째 책자는 총5부로 되여 있다. 제1부는 19살까지 38선 이북의 고향에서의 사연들이다. 화목한 소농의 장손으로 태어났지만 아버님의 별세로 9살에 소년가장이 되어 4년을 견디다 엄마를 잃고, 진학대신 농사일을 했다. 꿈 대신 변화라는 소망(素望)탓으로 19살에 가출하게 됨으로서 6.25전쟁에서 살아남아, 걸어서 포항까지 남하하여 대한민국에서의 난민생활의 이야기이다.

[사진 19-4] 나의 90생일 감사예배와 출판기념회 (2021.11.6.)

제2부는 35세까지의 약 15년간에 걸친 도전으로 얻어진 변화의 사연들이다. 24세에 만학으로 시작하여 미국유학에서 취득한 박사학위까지의 열정과 근면 (勤勉)으로 얻은 변화의 이야기. 잃어버린 중고등부교육 6년을 보충하는 여러 골목길에는 누군가의 나의 길잡이가 있었음으로 힘든 시간들을 참을 수가 있었다는 나름대로의 자아실현이다.

제3부는 배운 것을 마음껏 활용한, 삶의 보람을 느낀 내 생애의 전성기이다. 농학과 농생물학(Agrobiology)을 공부했지만 보건 분야, 그것도 세계보건기구(WHO)에서 근 25년간 전염병의 방제연구로 열대 개발도상국들을 전전했다. 배운 것 이상으로 보답하고 활용하기 위해 세계적인 학자들을 만나, 함께 공부와 일을 하면서 70여 편의 연구논문을 발표했다는 만족감으로 퇴직한 사연들을 기록했다(사진 19.5).

제4부는 어떤 노후준비로 30년간의 노후생활의 이모저모로서, 내 생애에서 가장 자유로웠고 행복한 기간이다. 고향에서 겪은 서글펐던 청소년시절의 보상을 모두 받고도 남음이 있었다. 그래서 나는 하나님의 공평하심을 확신하게 되었다.

WHO 재직 25년간 단독 혹은 공동으로 발표한 논문 수

질병 분야	태국	아프리카	인도네시아	인도	계
댕기 열병	15	1	1	1	18
말라리아	0	0	18	1	19
황열병	0	12	0	0	12
일본 뇌염	0	0	1	2	3
필라리아 사상충	0	5	3	1	9
기타	0	0	4	6	10
총 수	15	18	27	11	71

[사진 19-5] WHO 재직 2025년간 단독 혹은 공동으로 발표한 논문

제5부는 은퇴 후 출판한 10편 저서들 각각의 집필 동기와 목적을 담고 있다. 마음에 담아두었던 과제들을 글로 옮기는 데는 과외공부와 재료수집으로 열정과 많은 시간이 소요됨으로서, 노후생활에는 이 보다 더 좋은 일과는 없는 듯 싶었다. 한 세대의 기억력과는 달리 사고력은 열정만 있으면 노년기에도 무엇인가를 할 수가 있다는 것이다.

나는 이 책의 출판을 준비하면서, 나의 90여정의 시작은 좁고 막막한 골목길이었으나 빛이 있었고, 길목과 갈림길에는 누군가가 보내온 길잡이가 있었다는 감사한 마음이 들었다. 그래서 내 인생은 고달팠으나 유쾌했고, 힘이 들었지만 하고 싶은 일들을 지구촌 곳곳에서 세계 사람들과 함께 마음껏 하면서 세상에 태어난 보람을 느꼈다.

20

노후여행의 진미(眞味)

 노후여행

　여행은 매일의 일상생활에서 잠시 떠나는 상태이다. 일시적으로 집을 떠난다는 것은, 보잘 것 없는 작은 살림이라도 그렇게 쉽지 않다. 여행은 시간적인 여유만이 아니라 준비할 것들 중에서 여행비용도 만만치 않다. 그런 탓인지 나의 아버지는 한 동생의 도움으로 친지들과 함께 서울 여행을 하시고, 한강 다리 밑에서 찍은 사진 한 장을 우리에게 선물로 보여주셨다. 그러나 나의 어머님은 이웃 마을에도 자유롭게 가보지 못하시고 45세의 젊은 나이에 세상을 떠나셨다.

　여행은 집을 잠시 떠나는 객지생활이지만, 준비를 철저히 한다 해도 불편한 점이 한두 가지가 아니다. 그러나 사람들은 동서고금을 막론하고 하나같이 여행을 좋아한다. 더욱이 경제생활이 풍부해진 사람들에게 교통시설이 발달되면서 더욱 그러한 것 같다. 그래서 젊은 시절부터 여행을 위한 저축을 별도로 열심히 계속하는 사람들도 있다고 한다. 일본에는 '사랑하는 자식에게 여행을 시키라'는 옛 속담이 있다.

　여행을 좋아한다는 것은 인간에게만 주어진 기이하고 새로운 것을 좋아하는 호기심(Curiosity)이라는 선천적인 마음 탓이 아닌가 싶다. 이 마음으로 우리는 무엇인가를 더 알고 싶어서 질문을 하거나 이상한 것들에 관심을 갖게 된다. 그것으로 인간은 탐험과 조사 연구를 이어가며 학습하는 활동으로, 우리 스스로가 나름대로 개발하고 성숙해지는 것이다. 그토록 누구나 좋아하는 여행이 북조선에서와 같이 억제되면, 사람들은 그곳을 '철의 장막'(Iron Curtain)이라는 자유가 상실된 사회라고 부른다.

여행에는 여러 종류가 있다. 학생들에게는 수학여행, 학자들에게는 탐사여행이 있듯이, 기업이나 정부기관에 종사하는 사람들에게는 필연적인 공무여행이 있다. 사적으로는 휴식을 취하려는 위락(Recreation) 여행이나 관광여행과 같은 즐거운 여행들도 무수히 많다. 누구나 좋아하는 여행이지만, 젊은 시절에는 시간이나 소요되는 재정이 허락하지 않아 쉽게 집을 떠날 수 없는 경우가 많다. 시간과 경제적으로 넉넉지 못한 젊은 날에 비해, 시간의 여유가 가장 풍부한 노후생활에는 여행보다 더 이상적인 활동은 없지 않나 싶다. 그리고 노후의 여행은 싫증이 나지 않는 소일거리인 것도 같다. 그런 탓인지 여행은 나의 노후생활에서 집필과 더불어 가장 많은 시간을 소비하게 했다.

나의 세 아들도 역마살(驛馬煞)이 낀 나를 닮아 모두 여행을 좋아한다. 다행히도 우리 집 주변에는 1-3시간 거리에 해변과 산들이 있어 좋다. 특히 겨울이 없는 열대지방에서 젊은 날들을 보낸 나의 가족들에게는 눈이 쌓이는 겨울철에 해발 4-5000m의 '시에라 산맥'(Sierra-Nevada)에 위치한 호수(Lake Tahoe)에서 겨울 휴가를 보내곤 했다(사진 20-1).

[사진 20-1] 미국에 정착한 첫해의 겨울 가족여행

레포츠 여행

레포츠여행이란 행락(行樂)을 위한 레저(Leisure)와 스포츠(Sports)를 겸한 여행을 말한다. 우리의 노후여행은, 수차례의 친척 방문과 단체 관광을 제외하고는 줄기차게 레포츠 여행이 아니었나 싶다. 우리의 스포츠라야 고작 열대 개발도상국들을 전전하는 직장 생활에서 소일거리로 시작한 골프(Golf)라는 야외 운동뿐이다.

우리의 레포츠여행의 시작은 우리가 출석하는 한국 교회의 두세 가정과 함께 피서지(Resort)에서 합숙하는 단체여행이었으나, 하나씩 낙오되는 가정이 생겨 얼마 지속되지 못하고, 나중에는 단독으로 내가 지리 공부를 하면서 여행 일정을(Itinerary)을 만들어 적절한 가격의 숙소와 골프장을 찾아 예약까지 해야 하는 여행사의 일을 대신하게 되었다. 가까운 곳은 자가용으로, 먼 곳은 편리상 비행기로 가서 비행장에서 렌트카 신세를 졌다.

어느 경우든 우리의 한 레포츠여행은 보통 한 주간으로 제한하였다. 가고 오는 이틀을 제외한 닷새는 이틀씩 2등분하고, 나머지 하루는 여가로 남겨 주변 관광을 했다. 한 도시 주변에 여러 코스가 있는 곳에서는 한 호텔에 머물지만, 그렇지 못하면 예약한 골프장을 따라 숙소를 여러 번 옮기는 경우도 많았다. 이럴 때면 오전 시간에 골프를 끝낸 후 클럽에서 간단하게 점심 식사를 마치고, 오후 시간에는 다음날의 골프장을 위해 예약한 숙소로 이동하게 된다. 언제부터는 iPhone과 GPS가 생겨나, 낯선 곳들을 찾아가는 나의 항해자(Navigator) 역할을 해 줌으로써 크게 도움을 받았다.

한 여행에서 돌아오면 우선적으로 그간 전화기에 녹음된 전화를 점검하고, 우편 배달차가 전해준 그간 쌓였던 우편물을 열어본다. 다음으로는 여행에서 수집해 온 영수증들을 구분하여 식사, 교통, 골프비용 등으로 나누어 계산을 해본다. 이 결산이 끝나면 나는 곧바로 다음 행선지를 찾아, 새로운 지도 공부를 하면서 여행 일정을 만들어본다. 그리하여 내 머리에는 늘 생각해야 할 무엇이 있었으나, 조금도 부담이 되지 않았다. 그러나 이렇게 중독(中毒)에 걸렸던 골프 여행도 80 중반이 가까워지면서, 그 활력은 차차 시들어 더 이상 계속할 수 없게 되었다.

그동안의 레포츠여행을 회상하며 열거해 보니 대충 100여 차례나 있었던 것 같다. 레포츠여행으로 외박한 100주를 날짜로 환산하면 700일, 즉 내 생애의 2년이라는 세월을 소비한 셈이 된다. 그렇다면 그에 소비한 돈은 얼마나 될까! 하도 자주 집을 비우니까 이웃의 장로님 한 분은 내가 골프를 위해 태어난 사람이라고 말하곤 했다. 골프는 우리 부부가 할 수 있는 유일한 운동일 뿐, 남다르게 뛰어난 재주가 있는 것도 아니고 그저 지루하지도 않고 싫증이 나지 않는 야외 운동에 불과하다.

골프는 움직이지 않는 공을 골프채로 쳐서 똑바로 멀리 날려 보내는 운동으로, 걸음마가 허락되는 날까지 혼자서도 할 수 있는 야외 운동이기도 하다. 이 골프에서 얻는 교훈이 있다면, 바로 겸손하고 집중해야 하는 마음가짐이다. 즉, 움직이지 않는 공이라 하더라도, 겸손히 허리를 굽히고 골프채에 맞은 공이 날아가는 순간까지 직시(直視) 해야 하는 집중력이 절대적이다. 사람들은 골프에서 욕심을 내면 낼수록 좋은 결과를 얻지 못한다고들 말한다. 더욱이 나에게 골프는 소일거리로서 집필과 더불어 큰 보탬이 되고 있다.

레포츠여행이 활기를 잃어가는 80대 후반부터는 마을 근처의 클럽(Club)으로 옮겨, 평균적으로 매주 20시간을 골프에 할애하고 있다. 이렇게 2023년에도 무료로 150회(라운드)를 돌았다. 나에게 골프는 얼마나 잘 하느냐보다는 몇 번 쳤느냐가 더 중요하다. 아마도 승부를 열망하는 시합 정신과 같은 신경은 없는 듯하다. 그래서인지 골프장에서 만나는 사람들 중에는 내가 '유머러스'하다고도 한다.

지난 수년간은 거의 한 달에 1-2번, 주일 오후에는 아들들과 함께 골프를 치고 저녁을 먹는다. 그런 날은 또한 우리 부부에게는 아들들이 가져온 한국 식료품(Korean grocery) 덕분에 장날이 되기도 한다. 골프는 이렇게 아들들까지 자주 만날 수 있는 기회를 만들어 준다. 나는 종종 내 나이(93)에 아들들과 함께 골프를 치며 야외에서 즐거운 시간을 보내는 것을 누군가에게 감사하고 싶은 생각이 든다.

다음은 우리의 노후생활에서 레포츠여행 중독에 걸려 한 주간 이상 집을 떠나 본 곳들을 되새기면서 열거해 보았다.

(1) 자동차로 다녀온 레포츠 여행: 49회
(2) 하와이를 포함한 국내 비행기 레포츠여행: 25회
(3) 캐나다 비행기 레포츠여행: 7회
(4) 멕시코 비행기 레포츠여행: 16회
(5) 기타지역(동남아와 호주) 레포츠여행: 7회

관광여행

단체 관광여행은 개인여행과 달리 여행 일정, 교통수단, 그리고 숙소를 포함한 모든 준비를 사전에 예약할 필요가 없어서 편리하다. 그래서 여행에 익숙하지 않은 노인들에게는 적절한 방법이라고 할 수 있다. 우리도 노후생활 초기에 남들과 함께 다음과 같이 수차례 단체 관광 여행을 했다.

(1) 멕시코 바다낚시: 은퇴 생활이 정착된 후, 우리 부부가 처음으로 미국에서 한 위락(慰樂) 여행은 나파(Napa) 지역에서 막 은퇴한 젊은 노인들 20명과 함께 멕시코 태평양 연안 도시(Mazatlan)에서 바다낚시(Fishing)를 위한 단체 소풍 여행이었다. 여객기 안에서 우리 일행이 터뜨린 환호의 소란은 마치 복권이라도 당첨된 기분처럼 들렸다. 당시의 환호성은 새로운 곳에서 고기를 잡는 호기심보다는, 오히려 긴 세월 동안 갇혀 있었던 공간과 쪼들렸던 시간에서 벗어난, 자

유와 해방의 기분이었을 것이라고 생각된다.

[사진 20-2] 노후생활의 첫 단체 소풍 관광여행(멕시코 Mazatlan)

우리 부부도 바다낚시를 가는 그 시골 사람들과 못지않게 즐거웠다. 우리에게는 일상생활에 대한 지루함과 같은 떠나야 할 특별한 이유가 있었던 것도 아니었고, 그렇다고 바다낚시가 새롭고 기이하게 마음을 끌 정도로 매력적이지도 않았다. 혹시 나에게 그 여행을 유혹하는 무엇이 있었다면, 남다른 역마살이 끼어 있었을지도 모른다.

(2) 뉴욕과 나이아가라 폭포: 1992년 뉴욕에서 친척과 친구들을 방문한 후, 우리는 처음으로 한국인들과 함께 버스로 단체여행을 했다. Baltimore를 거쳐 Washington D.C. 그리고 나이아가라(Niagara) 폭포를 구경하고 뉴욕에 돌아왔다.

(3) 이스라엘 성지순례: 1993년 1월, 상항 한국인 감리교회의 20여 교우들과 함께 한 주간 예수님의 사역의 길과 고난의 흔적들을 순례했다.

[사진 20-3] 이스라엘을 눈물로 결속시키는 통곡의 벽(Wailing Wall)

(4) 아마존 강 탐사: 1993년 여름, 나 홀로 세계에서 가장 큰 남미의 아마존(Amazon) 강을 탐험하기 위해 미국인 환경 애호가 12명과 함께, 발동선에서 침식을 하면서 한 주간 아마존 강의 한 지류(Rio Negro)를 탐사했다. 그리고 강 유역의 세 나라(콜롬비아, 페루, 브라질) 주민들의 생활환경을 학습했다. 이 여행은 내가 물에 관한 저술을 하는 데 큰 도움이 되었다(참조 제 18장).

(5) 북유럽 버스여행: 한 주간 단체관광으로 노르웨이(Norway)의 오슬로(Oslo)를 시작으로 매일 저녁 사우나를 즐기면서, 연중 깜깜한 밤이 없는 북위 71도의 도시(Nordkapp)에서 한밤중에 일몰과 일출을 동시에 보았다. 이렇게 스웨덴의 스톡홀름(Stockholm)까지 여러 날 동안 우리는 화장실을 찾아다니는 새로운 경험을 했다.

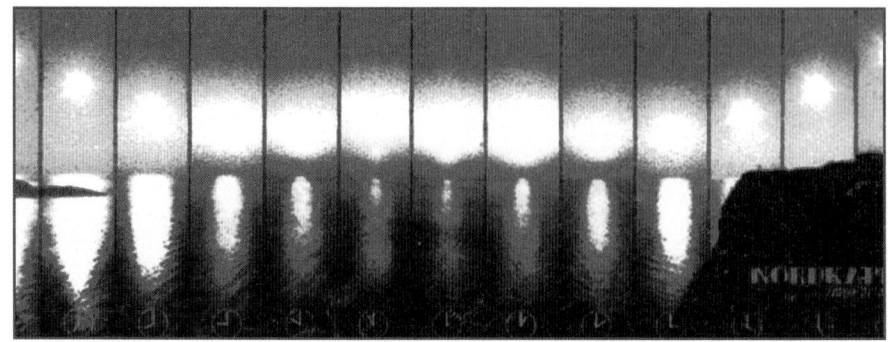

[사진 20-4] 노르웨이 북극도시(Nordkapp)의 한 밤중

 유람선 관광

우리 부부는 침실과 식당 시설을 갖춘 큰 기선 안에서 며칠씩 숙박하며 여러 항구를 들러 관광하는 크루즈(Cruise) 여행을 다섯 차례 했다. 크루즈는 주로 밤에 출발해 날이 밝을 때 다음 관광지에 도달한다. 항구에 정박할 때면 우리는 아침 식사를 하며 하루의 관광에 대한 기대감으로 마음이 설렌다. 일일 관광 코스는 여러 가지 선택이 가능하며, 추가 비용이 드는 코스도 있었다. 우리 부부가 경험한 크루즈는 주로 7-12일간의 단기 코스로, 여행 시작 전이나 끝난 도시에서 2-3일간 시내 관광을 하곤 했다.

내 생애 유람선 관광보다 더 편리하고 호화로운 여행은 없었던 것 같다. 그래서 경비는 버스 여행에 비할 바가 못 되었다. 특히 침실의 위치와 크기에 따라 가격 차이가 컸기에, 우리는 항상 여행사의 전문가에게 자문을 받아 바다를 향한 베란다가 있는 방을 선택했다. 물론 큰 베란다와 대리석으로 된 목욕탕과 화장실이 딸린 객실도 있었지만.

(1) 앵커리지(Anchorage)를 시작으로 밴쿠버(Vancouver)까지 8일간, 글래시어 베이(Glacier Bay)를 거쳐 Juneau 등 5곳에 정박했다. Tracy Arm에서는 헬기를 타고 상공에서 빙하(Sawyer Glacier)를 구경하는 별도의 관광도 했다. 출발하기 전에는 앵커리지 시내 관광과 함께 맥킨리 고원 지대(Mckinley 고원지

대)를 구경했다.

[사진 20-5] 유람선 '선장의 환영행사'에 초대되어 멋모르고 찍힌 사진

(2) 지중해(Mediterranean)연안 유람: 터키(Turkey)의 이스탄불(Istanbul)을 출발하여 지중해 연안을 따라 스페인의 바르셀로나(Barcelona)까지, 6개국의 총 7항구에 정박함으로써 바티칸(Vatican, 로마교황청)에서도 하루를 보낼 수 있었다. 출발 4일 전 이스탄불에 도착하여 시내 관광을 포함한 3일간은 전문 안내원과 함께 먼 옛날 기독교인들이 박해를 받았던 유적지들을 탐사했다.

(3) 파나마운하 유람: 플로리다의 항구(Ft. Lauderdale)에서 출항하여 카리브 해(Caribbean)의 7개 섬을 거쳐 파나마(Panama) 운하까지의 왕복 유람이었다. 파나마 운하의 건설은 내가 한때 관여했던 바이러스 황열병(Yellow Fever)과 역사적으로 깊은 사연이 있어, 이 크루즈 여행은 나에게 특별했다. 침체된 섬나라 사람들의 한결같은 생활 풍조에 대한 학습이 있었고, 돌아와서는 마이애미의 아름다운 해변과 미국의 최남단 도시인 키웨스트(Key West)를 구경했다.

[사진 20-6] 파나마운하의 수문 공간(Lock Chamber)을 통과하는 유람선

(4) 다뉴브(Danube) 강 유람: 한 주간 독일의 뉘른베르크(Nuremberg)를 시작으로 헝가리의 수도 부다페스트(Budapest)까지의 다뉴브 강 유람(River Cruise)이었다. 독일의 두 도시 레겐스부르크(Regenberg), 파사우(Passau)와 오스트리아의 두 도시 크렘스(Krems), 비엔나(Vienna)를 포함하여 모두 6개 도시를 관광한 셈이다. 비엔나에서 저녁에 감상한 오케스트라 음악 공연도 좋았지만, 다뉴브 강 언덕의 풍경도 특별한 것 같았다.

(5) 멕시코 태평양 연안 유람: 미국 남가주 나성(LA)를 출발하여 태평양 연안을 따라 멕시코의 6개 항구도시와 아카풀코(Acapulco)를 마지막으로 다시 LA로 귀항하는, 우리에게는 처음 한국인 친지가족들과 함께하는 유람이었다. 그래서 세 도시는 이미 레포츠여행으로 다녀온 도시였지만, 그런대로 좋은 여행으로 기억된다.

위에서 언급한 30여 년간에 걸친 우리의 줄기찬 여행은 노후의 용돈 벌이로 주식 시장에서 발걸음을 디딘 덕분에 가능했다(참조: 제21장).

21

노후용돈을 위한 주식거래

 부스러기 돈

노후용돈은 여행과 같은 활동을 위해서뿐만 아니라, 노인의 품위를 유지하는 데에도 필수적이다. 여기서 말하는 노후용돈이란, 기본 생활을 위한 연금과 같은 고정 수입(Fixed income) 외에 추가적으로 확보되는 자금을 의미한다. 이러한 여유 자금이 없다면 '무모한 노후생활'을 할 수밖에 없게 된다(참조: 제6장).

나에게는 노후생활 용돈으로 미국에 정착한 후에도 여기저기 흩어져 있는 부스러기 돈이 있었다. 이를테면 주택을 구입하고 남은 것, 가구들을 장만하고 남은 퇴직금, 퇴직 후 인도네시아 단기 자문관으로 벌어온 것 등등이다. 그 부스러기들을 은행예금 구좌에 묶어, 년 10%의 이자(利子)를 얻어 낯선 초기 이민생활에 의외의 필요한 곳에 사용했다. 그것들을 모두 합하면 부동산 투자로 허술한 주택 한 채를 구입하는데 소요되는 계약금(Down Pay)정도는 되겠지만, 노후에 부동산투자는 적합하지 않다는 이웃들의 조언에 따라 잔돈 관리에 관심을 가질 수밖에 없었다. 더욱이 은행 이자율이 점차로 낮아지기 때문이었다.

투자신탁

주식시장에 관심을 갖게 된 계기는 우리가 속한 나파 컨트리클럽(골프)에서였다. 골프를 함께 치는 노인들 사이에는 두 부류가 있는 듯 보였다. 한 부류는 여행을 즐기며 활기가 넘치는 이들로, 나처럼 자주 나파를 떠나곤 했다. 그들의 대화 주제는 주로 여행 중에 겪은 일화(Anecdote)나 삽화(Episode)였다. 이들 중에는 보험 및 증권회사 등 금융 분야에서 퇴직한 노인들도 있었다. 반면, 두 번째 부류는 골프클럽을 유일한 별장(Second home)으로 삼고, 나파를 떠나지 못하는 이들이었다. 이들은 별다른 용돈벌이 없이 생활하며, 여행의 자유를 누리지 못하는 듯 보였다.

골프장에서 얻은 상식을 바탕으로, 나는 이웃에 있는 한 브로커(Broker)를 찾아갔다. 그의 추천에 따라 신용이 높은 증권회사에 '가정신탁'(Family Living Trust) 명의로 계좌(Account)를 개설하고, 은행에 예치된 전액을 그 계좌로 이체했다. 입금이 완료된 지 일주일 후, 예치된 금액의 일부를 활용하여 중개인의 권고에 따라 몇 개의 '투자신탁'(Mutual Fund)을 구매했다. 이 과정에서 투자액에 비례하여 중개인에게 수수료를 지불했다.

투자신탁(Mutual Fund)은 '자산운용회사'가 설계한 금융 상품으로, 각 신탁은 동질적인 여러 기업으로 구성되어 있다. 따라서 개별 주식(Stocks)보다 위험성은 낮지만, 그만큼 수익률(Appreciation)도 적다는 특징이 있다. 또한, 주식과 달리 투자신탁의 실제 수익은 자산운용회사의 월말 보고서를 통해서만 확인할 수 있다. 더군다나 자산운용회사의 수수료는 수익 여부와 관계없이 부과되며, 그 금액 또한 적지 않았다. 이러한 이유로 나는 여러 번 브로커를 바꾸며, 연금(Annuity)과 같은 생소한 이름의 펀드(Fund)에도 분산 투자해 보았다. 그러나 결과적으로 수익률은 기대에 미치지 못했고, 심지어 은행 이자에도 못 미친 것 같았다(참조: 제11장).

주식거래

주식 거래에 관심을 갖게 된 것은 아마도 1997년 여름, 인도네시아 이동식 직업훈련(MTU) 프로젝트가 끝난 후부터가 아니었을까 싶다.

미국으로 돌아가는 길, 싱가포르(Singapore) 공항에서 샌프란시스코행 직항 비행기를 기다리던 중, 나는 한 백인 노년 여성이 작은 글씨로 가득한 신문을 열심히 읽고 있는 모습을 보았다. 가까이에서 보니 그녀는 월스트리트 저널(Wall Street Journal)을 펼쳐 뉴욕 주식시장의 변동 사항을 정독하고 있었다. 그 광경을 보며 문득 생각했다. 만약 나도 주식시장에 돈을 투자한다면, 저 노년 여성처럼 매일 작은 글씨까지 정독하며 세상의 흐름을 읽을 수 있지 않을까? 그렇게 한다면 시대의 낙오자가 되지 않으면서도, 우아하고 멋지게 늙어갈 수 있지 않을까? 그리고 그 여인이 하는 주식 거래를 내가 못 할 이유가 무엇이겠는가?

1997년 6월, 인도네시아에서 돌아오자마자 나는 한 시간 거리에 있는 증권회사를 찾아갔다. 나는 '가족재단'(Family Foundation) 명의로 브로커리지 계좌(Brokerage Account)를 개설하고, 우선 MTU 프로젝트에서 받은 급료와 30개월간 집을 임대하여 받은 전세금(Rent) 전액을 입금시켰다.

그 후, 나에게 익숙한 기업들의 주식을 일부 구매하며 본격적인 투자를 시작했다. 예를 들어, 은행주로 Bank of America, 도매 유통업체인 Costco, 반도체 회사인 Intel, 그리고 항공사 United Airlines 등의 주식을 각각 300~500주씩 매입했다. 이 과정에서 나는 처음부터 나름대로 분산 투자(Diversification)의 원칙을 지키고자 했다.

이렇게 나는 주식시장에 첫발을 내디뎠지만, 나파 컨트리클럽의 골프 친구들과는 달리 마음이 그리 편안하지 않았다. 금융시장에서 한 번도 들어보지 못한 생소한 용어들이 쏟아졌고, 낯선 규칙들이 많았다. 무엇보다, 내 전 재산이 투자되었음에도 불구하고 그것을 직접 눈으로 확인할 수 없다는 점에서 허전함과 불안함이 밀려왔다. 마음을 안정시키기 위해 나는 종종 증권회사를 찾아가거나 전화를 걸어 질문을 하곤 했다.

초기에 나를 가장 불안하게 만든 것은 증권시장의 돈(주식)이 은행 적금과 달리 연방정부의 법적 보호를 받지 않는다는 사실이었다. 즉, 투자한 회사가 부도(Bankruptcy)나 파산을 하면, 나 역시 빈손이 될 위험이 있었다. 두 번째는, 주식이 마치 널뛰기처럼 매 순간 오르내린다는 점이었다. 특히 변동성이 심할 때(Volatile)는 그 폭이 너무 커서 마치 전쟁이나 재난 상황을 보는 듯한 느낌을 주었다.

그러나 주식시장에 오래 몸담은 사람들은 이런 두려움에 점차 적응하고 익숙해졌는지, 의외로 태연해 보였다. 나의 골프 친구들 또한 마찬가지였다. 그들은 흔들림 없이 투자에 임하며, 마치 이러한 시장의 변동성을 당연한 일처럼 받아들이고 있었다.

이러한 불안감과 염려를 해소하는 가장 중요한 방법은, 무엇보다도 내가 준수해야 할 태도와 자세를 '마음의 철학'으로 확고히 세우는 것이라고 생각되었다. 주식시장에서 흔들리지 않기 위해서는 나만의 원칙을 정하고 이를 철저히 지켜야 했다. 다음은 내가 결심한 주식 거래의 기본 원칙으로, 지금까지도 지켜오고 있는 네 가지 조항이다.

1) 주식거래의 주목적은 대금(大金)을 위한 투기(投機)가 아니라 푼돈을 모아 주식에 넣어 노후용돈에 보태는데 있다. 따라서 사고 파는 거래(Transaction)를 자주 할 필요가 없다. 예로서 2024년도 한해의 총 거래는 35번으로, 매달 3번꼴이 된다.

2) 모든 거래는 부부 중 누가 하든, 그 행위는 온전히 거래자의 자율적인 결정으로, 서로 간에 원망이나 불만을 가져서는 안 된다.

3) 어떤 경우에도 주식 거래에 관한 일화는 세 아들을 포함한 그 누구와의 대

화(對話)에서 화제가 되어서는 안 된다. 다만, 교육적인 목적의 질문은 예외로 한다.

4) 주식시장에서 얻어진 이윤은 생활비를 제외하고, 여행이나 도서 출판과 같은 노후활동에 적절하게 사용한다. 이는 퇴직연금으로 충당하는 생활비에 추가하여 과소비를 방지하고, 근검절약(勤儉節約)의 신념을 유지하기 위해서이다.

증권 거래에 대한 나의 상식과 마음가짐이 변화해온 것처럼, 미국의 증권시장도 그동안 많은 변화를 겪었다. 어느 순간부터 컴퓨터나 휴대전화를 이용해, 심지어 골프장이나 유람선 위에서도 단 한 푼의 수수료도 없이 세계 어느 나라의 주식이든 사고팔 수 있는 시대가 열렸다. 아침에 매입한 주식을 오후에 매각하여 얻은 돈으로 저녁에 사용할 수도 있는, 그야말로 놀랍도록 편리한 세상이 되었다.

수없이 등장하는 다양한 투자기금(Fund) 상품들 중에서, 주식과 신탁을 결합한 ETF(Exchange-Traded Fund)는 내가 염려했던 기업의 부도 위험과 주가의 급격한 변동성에 대처하는 데 매우 이상적인 방법처럼 보였다. 각 ETF는 증권 전문가들이 10여 개의 동질적이고 우량한 기업을 연구하여 선별한 후 하나의 상품으로 묶어두었기 때문에, 상대적으로 안전성이 높은 편이었다. 그 덕분에 나와 같은 노인들에게는 단기적인 매매를 반복할 필요가 줄어들었다. 또한, ETF는 일반 주식처럼 실시간으로 가격이 변동하며, 아이폰(iPhone)과 같은 모바일 기기를 통해 언제든지 시세를 확인할 수 있을 뿐만 아니라, 직접 사고파는 거래도 가능해져 더욱 편리해졌다.

주식거래에서 얻는 혜택

세상에는 주식 거래를 통해 자선가가 되어 존경받는 거부(巨富)들도 많지만, 반대로 주식 투자에서 실패하고 평생 주식시장과 담을 쌓고 살아가는 사람들도 있다. 나는 그들에 비해 자본주의 시장경제에 더 익숙하지도 못하고, 특별히 총명한 것도 아니다. 그러나 분명한 것은, 나 역시 주식시장에서 많은 혜택을 받은 사람들 중 하나라는 점이다. 무엇보다도, 주식시장은 태만해지기 쉬운 노후생활에 다시금 의욕과 열정을 불어넣는 원동력이 되어주었다. 그리고 93세에도 여전히 무엇인가를 할 수 있다는 자부심(自負心)을 갖게 해주었다. 또한, 만약 주식 거래를 통한 용돈 벌이가 없었다면, 지난 30년간 우리의 활기찬 노후활동을 어떻게 충당할 수 있었겠는가? 이제, 우리가 노후에 주식시장을 통해 배우고 얻은 혜택들을 하나씩 되짚어 본다.

(1) 의욕과 생기: 사람은 노사(老死)에 가까워질수록 의욕(意慾)과 생기를 잃어간다. 이러한 노환(老患)들도 무언가를 갈망하는 마음으로 치료가 되는 듯싶다. 젊은 시절 가졌던 활기찬 마음을 노후까지 온전히 간직할 수는 없겠지만, 일부는 증권시장에서 찾을 수 있다고 본다. 이는 증권시장이 관심(Interest)과 소유욕(Ownership)에서 비롯된 의욕(Desire)과 생기를 불러일으키기 때문일 것이다. 어쩌면 인간은 "자신의 것에 마음이 늘 함께 있다"는 하늘의 이치(理致)에 순종하는 존재인지도 모른다.

그러한 관심 덕분인지, 나는 뉴욕 증권시장이 개장하는 시간에 습관적으로 잠에서 깨어나곤 한다. 내 하루의 시작은 TV 화면에서 활기차게 요동치는 주가 변동을 바라보는 것으로 시작된다. 내 주식들이 얼마나 춤을 추고 있는지 확인하고 싶은 마음에서다. 이 마음은 마치 학생 시절, 선생님이 시험 점수를 발표하는 순간을 기다리던 기분과도 닮아 있다. 만약 증권시장과의 연관이 없었다면, 무엇이 늙어가는 내게 이토록 국내외 경제 정세에 대한 관심을 불러일으키고, 마음에 새로운 생기를 불어넣어 주었을까?

TV 시청에 더해, 나는 한 잔의 커피와 함께 아침 신문을 읽으며 하루를 시작한다. 이른 새벽부터 앞마당에서 기다리고 있는 월스트리트 저널(Wall Street

Journal)은 어제 마감된 증권시장의 결과뿐만 아니라, 국내외의 다양한 기사들을 전해주며 나의 시국관(時局觀)을 새롭게(Update) 해 주는 듯하다. 가끔씩, 수년 전 싱가포르 공항 대합실에서 신문을 정독하던 그 늙은 백인 여성을 떠올린다. 그녀처럼 나도 이제는 매일 아침 신문을 펼치며 세상의 흐름을 읽는다.

이렇게 신문이 나를 매일 새롭게 해주는 습관이 된 것은, 결국 내 쌈짓돈이 증권시장에 들어간 이후부터였다. 어쩌면, 내 생애에서 신문을 이렇게 꾸준히 구독한 것은 처음 있는 일일지도 모른다. 그리고 무엇보다 감동적인 것은, 내가 신문을 정독하는 모습을 보고 감격한 셋째가 몇 년 전부터 신문 구독료를 대신 지불해 주고 있다는 사실이다. 그의 배려 덕분에 나는 오늘도 편안히 신문을 펼치며 하루를 시작한다.

(2) 자부심(自負心): 몸도 마음도 쇠약해지는 노후에도 무엇인가를 한다는 것은, 삶을 열심히 살아가는 자부심(Self-esteem)이며 동시에 만족감이 된다. 이는 단지 자신에게만 국한되지 않고, 가족이나 자손들에게도 긍정적인 영향을 주어 더욱 의젓한 마음을 갖게 한다. 노후에 할 수 있는 다양한 활동 중에서도, 주식 거래는 혼자의 자력(自力)으로도 가능한 자영업(自營業)이라 할 수 있다. 젊은 시절, 조직 속에서 여럿이 함께 일하던 직장 생활과 비교해 보면, 주식 투자는 오히려 더 이상적이고 독립적인 노후활동이 될 수 있다. 특히, 시간과 장소에 구애받지 않고 자신의 판단에 따라 경제 활동을 지속할 수 있다는 점에서, 주식 거래는 노후생활을 더욱 의미 있고 활기차게 만들어 주는 하나의 방식임이 틀림없다.

(3) 증식(增殖)의 기쁨: TV에서 보는 주가는 늘 곤두박질치는 듯하지만, 길게 보면 결국 상승(上昇)한다는 것이 주식시장의 본질이다. 그래서 많은 투자자들은 참고 기다리는 습관을 기르며 장기적인 관점에서 시장을 바라본다. 예를 들어, 누구나 알고 있는 도매업체 코스코(Costco)의 경우를 보자. 이 세계적인 기업은 약 800개의 매장을 보유하고 있으며, 지난 10년 동안 주가가 490%나 상승했다. 그 결과, 2024년 12월에는 주당 $1,000로 거래될 정도로 성장했다.

주식 거래 초년생이었던 1997년, 나는 용돈벌이의 한 방법으로 투자를 시작했다. 그러나 2008년 세계적인 금융위기 속에서 내 주식 자산은 무려 44%나 추락하는 참사를 겪었다. 그럼에도 불구하고, 지난 25여 년간의 주식 거래는 우리가 수많은 여행을 다닐 수 있도록 비용을 충당해 주었고, 현재 남아있는 액수만 보더라도 처음에 시작한 부스러기 종자돈에 비하여 훨씬 많은 것으로 보인다. 심지어 내 퇴직연금과의 치열한 경쟁에서도 주식 투자가 더 앞서가는 듯하다. 2024년 12월의 어느 날, 뉴욕 주식시장이 폭락하며 내 주식 자산이 하루 만에 5% 이상 급락(急落)했다. 하지만 나는 '올라갔던 것이 내려간 것뿐'이라 여기며, 오히려 평소보다 더 달콤한 잠을 잘 수 있었다. 이제는 널뛰는 시장의 변동성에 익숙해진 것이라 생각된다. 아니면, 어쩌면 사물에 대한 신경이 이제 더 이상 제 역할을 하지 않는 탓일지도 모르겠다.

(4) 절약(Thrifty): '티끌 모아 태산'이라는 속담처럼, 주식 거래에서의 돈도 생명체와 같이 성장한다. 그러나 그 시작점은 젊은 날의 절약과 저축으로 마련된 종자돈(Seed money)이 절대적으로 중요하다. 젊은 시절부터 이 이치(理致)를 깨닫고 알뜰하게 저축(Saving)을 한다면, 그 작은 부스러기들이 모여 목돈이 되고, 주식시장과 같은 곳에서 점차 성장하여 결국 노후생활을 더욱 활기차게 만들어 줄 것이다. 나에게도 아쉬움이 있다. 젊은 시절, 보잘것없어 보였던 작은 돈의 역할을 정확히 깨닫지 못했던 것이다. 만약 그때부터 더욱 철저히 저축하고 투자하는 습관을 들였다면, 노후를 더욱 풍요롭게 준비할 수 있지 않았을까 하는 생각이 든다.

나는 '부스러기'가 모여 큰 결실을 맺는다는 관념을 우리 손주 여섯 명에게 심어주기 위해, 그들이 학교 교육을 마치고 직장 생활을 시작하면 종자돈(Seed money)으로 얼마간을 지원해 주기로 했다. 이 종자돈을 통해 손주들이 돈도 주인의 관심과 재량에 따라 성장한다는 것을 직접 경험하면서, 자연스럽게 절약과 알뜰한 마음가짐을 배울 수 있기를 바란다. 그리고 이 과정에서 내가 스스로 깨달은 것은, 돈은 원할 때 주는 것이 아니라 필요에 따라 주는 것이 진정한 활력소가 된다는 사실이다.

주식거래는 노역(勞役)도 아니고 특별한 지식이 꼭 필요한 것도 아니다. 상식적인 요령으로 시작하여 하나씩 눈치껏 배워 가면 된다. 단 미국의 증권시장에서는 중화(中華)주의적 사고가 반영된 소설 삼국지(三國志) 속의 계략(計略)과 약탈(掠奪)의 정신, 그리고 한국적인 '호들갑' 근성으로는 주식시장과 같은 냉정한 경제 세계에서 오래 살아남기가 어렵다.

제 6 부

나의 노후생활 세 번째 10년

나의 80세 이후 노쇠기(老衰期)의 10년은
몸과 마음 모두가 한 인생을 마무리하라는 신호를
체감하게 되면서, 죽음을 하나씩 준비해 보았다.

제 22 장 | 존엄한 죽음의 준비

제 23 장 | 조국: 마지막 두 고향 나들이

제 24 장 | 영결식에 쓰일 자작 동영상

슬기로운 노후 준비

22

존엄한 죽음의 준비

 죽음(Death)

죽음이란, 생로병사(生老病死)의 마지막 단계로서 한 생명체의 종식(Cessation)이다. 한 생명의 모든 기능이 완전히 정지되어 더 이상 원형대로 회복될 수 없는 상태에 이른 것이다. 인간도 다른 우주 만물과 마찬가지로, 세상에 태어난 그대로 머물러 있을 수 없는 천리(天理)를 따를 수밖에 없다. 결국, 죽음은 한 번은 반드시 맞이해야 하는 불가피한 절차이며, 특히 노후를 살아가는 우리에게는 늘 대문 밖에서 기다리고 있는 손님과도 같다. 다만, 우리는 그 존재를 외면할 뿐이며, 그 시기가 하늘에 달려 있다(人命在天)고 믿으며 의연하게 살아갈 따름이다.

그렇게 삶과 죽음은 타고난 운명에 매여 있다고(死生有命) 믿으면서도, 사람들은 불사약(不死藥)과 불로초(不老草)를 찾아다니며 시간의 너그러움을 기대하며 살아간다. 얼마 전부터 한국에서는 '99 88 234'라는 말이 돌고 있다. 이는 99세까지 팔팔(88)하게 살다가 2~3일(234)만 병원에 머문 후 생을 마감하고 싶다는 노쇠사(老衰死)를 갈망하는 노인들의 바람을 담은 표현이다. 이처럼 사람들은 삶에 연연(戀戀)하여 예로부터 제명대로 장수(長壽)하고, 편안하게 죽는(自然死) 것을 큰 복으로 여겨왔다.

인명재천(人命在天)이라는 말처럼, 오래 살다가 편안한 침상에서 온 가족이 지켜보는 가운데 생을 마감하는 와석종신(臥席終身)의 복된 죽음이 있는가 하면, 주어진 수명을 다하지 못하고 삶을 마감하는 경우도 허다하다. 뜻밖의 사고로 갑작스럽게 생을 마치는 돌연사(突然死)나, 병마로 인해 예상치 못하게 찾아오는 우연사(偶然死)가 그 예이다. 그러나 그 많은 죽음의 형태 중에서도 가장 불명예스럽고 비인간적인 죽음은, 제대로 준비하지 못한 채 홀로 생을 마감하는 경우가 아닐까? 대표적인 예로 고독사(孤獨死)나 객사(客死)가 있다. 이렇듯, 우리 모두에게 죽음에 대한 이해와 준비는 피할 수 없는 숙제이다.

 삶의 성찰(省察)

인생에서 죽음이란, 사는 것 못지않게 중요한 문제라고 한다. 그 이유는, 다른 동물과 달리 인간은 이성(理性)을 갖추고 있으며, 한 세상을 수많은 이웃과 함께 살아가기 때문이다. 그래서 사람들은 죽음이 가까워질수록 지금까지의 삶을 되돌아보는 성찰(省察, Self-reflection)을 하게 된다. 삶이 곡절이 많았다면 많은 대로, 순탄했다면 순탄한 대로, 누구에게나 각자의 성찰의 사연이 있게 마련이다. 임종을 앞두고 성찰을 하다 보면, 후회(後悔)가 밀려오거나, 혹은 기독교인들처럼 회개(悔改)를 통해 하나님의 자비를 간구하게 된다.

일본의 내과의사 오쓰 슈이치(Shuichi Ohtsu)는 말기 환자(Palliative patient)들을 장기간 돌보며, 1,000여 명의 환자들이 죽음을 앞두고 토로(吐露)한 후회(Repentance) 사연들을 수집하였다. 그 결과, 그는 2009년『죽기 전에 후회하는 25가지』라는 책을 출간하였다(www.shinchoshaco.jp.).

아래는 그가 정리한 죽음을 앞둔 환자들의 후회를 6부류로 나눈 목록이다. 어느 사연이 더 후회스러운지는 각자 다르겠지만, 우리 모두가 한 번쯤 이를 되새기며, 스스로 후회 없는 죽음을 맞이했으면 하는 바람이다.

(1) 건강과 치료
   1) 건강관리를 중요시 여기지 않은 것
   2) 금연을 하지 않은 것
   3) 건강상태를 가족들에게 미리 알리지 않은 것
   4) 치료의 중요성에 무심한 것

(2) 심리적인 사연
   5) 하고 싶은 일을 다 하지 못한 것
   6) 꿈도 없이 무모하게 살아온 것
   7) 악한 일에 마음이 기울어져 있던 것
   8) 감정에 쉽게 치우쳤던 것
   9) 타인을 우대하지 않고 옹졸한 것
   10) 자기가 언제나 잘났다고 우월하게 여기는 것

(3) 사회생활의 생활관
   11) 유산에 대한 결정을 하지 않은 것
   12) 자신의 장례에 대하여 생각하지 못한 것
   13) 고향에 가보지 못한 것
   14) 맛있는 음식을 찾아 먹지 못한 것
   15) 일에만 열중하고 취미생활을 못한 것
   16) 가고 싶은 곳에 여행하지 못한 것

(4) 인간관계
   17) 만나고 싶은 사람을 자주 만나지 않은 것
   18) 기억에 남을만한 여행을 하지 못한 것
   19) 미혼으로 살아온 것
   20) 자식이 없다는 것
   21) 자식 결혼을 못 시킨 것

(5) 종교 및 철학
　22) 자기 존재에 대한 개념이 없었다는 것
　23) 삶과 죽음에 대하여 무관심했다는 것
　24) 신(神)의 가르침을 몰랐다는 것

(6) 기타
　25) 사랑하는 사람에게 고맙다는 말을 많이 하지 않은 것

죽음에 대한 이해

　사람들은 동서고금을 막론하고 죽음이 피할 수 없는 인생의 마지막 단계라는 사실을 거듭 목격하면서도, 이에 대한 해결책을 찾고자 끊임없이 질문을 던져왔다. 과연 죽음이란 무엇인가? 삶의 종말은 오직 죽음뿐일까? 삶과 죽음 사이에는 어떤 비밀스러운 관계가 있는 것일까? 육체와 혼(Soul)은 죽음 이후 각각 어디로 가는 것일까? 이런 질문들을 깊이 고민하다 보면, 단순한 삶에 대한 애착뿐만 아니라, 죽음에 대한 두려움과 공포 또한 커지게 된다.

　우리의 역대 조상들도 오늘날 우리처럼 죽음을 이해(Understanding)하려 방황하며 고민했다. 그러다 결국 찾아낸 것이 '종교'라는 초인간적인 세계가 아니었을까? 어쩌면 인류 사회에 죽음이라는 개념이 없었다면, 오늘날처럼 수많은 종교가 태어나지 않았을지도 모른다. 아래는 죽음에 대한 종교적 교리(敎理, Creed)를, 우리가 주변에서 접할 수 있는 주요 종교들을 중심으로 정리한 것이다.

　(1) 기독교(Christianity): 기독교는 세계에서 가장 많은 신도를 지닌 종교로, 죽었다가 다시 살아나는 부활(Resurrection)과 영생(Eternal life)을 믿는 신앙을 기반으로 한다(요 11:25-26). 기독교는 우주에 오직 한 분이신 창조주 하나님(유일신)을 믿으며, 그분의 가르침대로 살다가 죽으면 육신은 땅에서 흙으로

돌아가고, 영혼(Spirit)은 하늘나라(來世)에서 삼위일체(Trinity) 하나님과 함께 '흰옷을 입고' 영생(永生)을 누리게 된다고 가르친다. 또한, 기독교에서는 이 세상의 종말(終末)이 올 때, 십자가에서 죽음을 맞이한 후 부활하신 하나님의 독생자 예수 그리스도께서 다시 세상에 오셔서 산 자와 죽은 자를 심판하실 것이라 믿는다. 살아 있는 자는 그대로 심판을 받고, 이미 죽은 자는 부활(復活)하여 하늘나라로 옮겨진다(히 11:5). 이것이 성경이 가르치는 죽음 이후의 부활과 예수 그리스도의 재림(Advent) 사상이다. 따라서 기독교인의 삶은 '어디서 왔다가 어디로 가느냐'라는 막연한 질문 속에 머무는 것이 아니라, 목적지가 뚜렷한 '순례 길'을 걷는 여정이라고 할 수 있다.

(2) 이슬람교(Mohammedism): 기독교와 같은 뿌리를 지닌 이슬람교에서도 사람이 죽으면 영혼이 천국에서 영생하게 됨을 믿는다. 그러나 그들에게 죽음은 단순한 종말이 아니라, 인간이 세상에서 지은 모든 죄를 씻고 변화(變化)하는 과정으로 여겨진다. 이슬람 신앙에 따르면, 영혼은 천국으로 가는 길목에서 연옥(Purgatory)과 같은 정화의 과정을 거치게 된다. 이는 죄를 씻고 정결해지는 과정으로 이해된다. 그러나 이슬람교는 기독교와 달리, 속죄(贖罪)에 대한 '임마누엘 하나님의 긍휼(矜恤)과 자비(慈悲)' 그리고 예수 그리스도의 부활을 신앙의 핵심으로 삼지 않는다.

(3) 불교(Buddhism): 삶과 죽음은 둘이 아닌 하나이며(生死一如), 즉 죽음은 곧 또 다른 삶의 시작이라고 믿는 종교이다. 불교에서는 이를 윤회(輪廻, Metempsychosis)라고 하며, 전생의 행실(行實)에 따라 이 세상에 태어나 살다가 죽으면, 그 삶의 선악에 따라 내세가 결정된다고 본다. 그러나 다시 인간으로 태어난다는 보장은 없다. 설령 인간으로 환생한다 하더라도, 생로병사(生老病死)의 고통을 피할 수 없기 때문에, 궁극적으로 윤회의 굴레(輪廻流轉)에서 벗어나 극락(極樂, Paradise) 세계에서 부처(Buddha)가 되는 것이 최상의 소망이다.

(4) 유교(Confucianism): 중국의 공자교(孔子敎)라고도 알려진 유교(儒敎)에

서 죽음은 한 삶의 종식으로 이해된다. 유교에서는 시체(屍體)는 흙으로 돌아가고, 영혼과 넋(Soul)은 흩어져 자연으로 회귀한다고 믿는다. 따라서, 다시 사람으로 태어난다는 보장이 없으며, 내세를 믿지 않는다. 죽으면 모든 것이 끝난다고 여기기 때문에, 유교에서는 자손, 특히 아들을 낳아 대를 잇는 것을 중요하게 여긴다. 이는 허무감을 달래고, 인간이 가진 영생의 욕망을 대신하는 방편으로 여겨진다.

(5) 힌두교(Hinduism): 힌두교는 인도의 민족적인 종교로, 인도의 토착 신앙과 '브라만교'(Brahmanism)가 융합된 신앙 체계이며, 일명 인도교(印度敎)라고도 불린다. 힌두교에서의 죽음은 불교의 윤회(輪廻) 사상과 유사하나, 이를 브라만교의 '사성계급(四姓階級, Varna system)'과 결합하여 더욱 체계화한 개념으로 이해한다. 힌두교에서는 한 사람이 하층 계급이나 천민으로 태어난 것은 전생(前生)의 업보(業報) 때문이라고 보며, 따라서 이에 대한 불만을 가지지 않는다. 또한, 죽음 이후에는 자신의 카르마(Karma, 업보)에 따라 상층 계급으로 다시 태어날 수 있다고 믿기 때문에, 현재 주어진 고난과 고뇌(苦惱)를 묵묵히 참고 견디며 살아간다.

 죽음의 준비

죽음은 한 인생의 마지막 여행이다. 그렇기에 다른 여행들처럼 채비(採備)가 필요하다는 것은 당연한 일이다. 그러나 이 마지막 여행을 위한 준비는 지금까지의 수많은 나들이와는 근본적으로 다르다. 왜냐하면, 이 여행은 다시 되돌아올 수 없는 길이며, 또한 소지품(所持品) 일절이 허용되지 않기 때문에 빈손으로 떠나야 하기 때문이다. 따라서, 죽음을 준비하는 과정은 단순한 출발 준비가 아니라, 뒤에 남겨질 것들에 대한 철저한 정리를 포함한다. 이것은 주인 없는 유물(遺物)과 삶의 흔적(行績), 그리고 가계부까지도 말끔히 정리하는 최종적인 업무가 따른다는 의미이다. 또한, 마지막으로 이 세상에서 좋은 인연(因緣)을 맺어온 이웃들과 작별 인사를 나누며, 인간다운 예의를 갖추는 일 또한 중요하다.

죽음을 준비하지 못하고 갑작스럽게 떠나게 되면, 남겨진 가족들이 그 낯선 사후 정리를 감당해야 한다. 때로는 유물(遺物) 정리나 상속 문제로 인해 가족들 간의 불화가 발생하기도 한다. 그러나 죽음을 준비해야 하는 더 큰 이유는, 우리가 부모님의 기쁨과 지극한 사랑 속에서 순수하게 태어난 것처럼, 가볍고 평온한 마음으로 떠나는 것이 인간으로서의 도리(Filial duty)이기 때문이다. 죽음을 차분히 준비하는 방식은 사람마다 다르겠지만, 나는 다음과 같이 여행 채비를 하며 '내일이 내가 떠나는 날'이라고 생각하며 오늘을 살아가고 있다.

(1) 인간된 도리: 나는 망국지민(亡國之民)으로 태어나, 지구촌 곳곳을 전전하며 수많은 낯선 사람들과 좋은 인연(因緣)을 맺었다. 그렇게 살아온 세월을 돌아보며, 나름대로 뜻깊게 지내온 삶을 반추(Rumination)해 본다. 그러면서도, 명리(名利)에 사로잡힌 과욕(過慾), 시기와 질투, 억지와 같은 불순한 언행, 그리고 인색하고 박절했던 부덕한 마음들을 되돌아보게 된다. 나도 모르게 남들에게 상처를 주었거나, 물질적 혹은 정신적으로 피해를 남긴 일들에 대해서는 진심 어린 용서를 구하기 위해 고국을 방문하기도 한다. 내가 피해를 준 분들에게는 직접 찾아가거나, 우편을 통해 간절히 용서를 구하고, 내가 은혜를 입은 분들에게는 감사의 마음을 전하며 마지막 길을 홀가분하게 떠나고자 한다. 이것이 바로 부모님의 정성 어린 준비와 사랑 속에서 세상에 태어나, 존엄하게 떠나는 떳떳한 인간된 도리가 아니겠는가.

(2) 유물(遺物)이 될 가산(家産): 한 가정의 살림살이(家計)를 책임져 온 재산도, 사후에는 유산(Heritage)이라는 이름으로 바뀐다. 따라서, 생전에 재산을 명확하게 정리해 두지 않으면, 유족(遺族)들에게 큰 부담이 될 뿐만 아니라, 형제간의 갈등을 초래하는 화근이 되기도 한다. 실제로, 한국의 한 전직 대통령도 남긴 유산으로 인해 형제간에 치열한 법적 다툼을 초래한 사례를 남겼다. 또한, 얼마나 정확한 보도인지는 모르겠으나, 한국에서는 부모님의 유산을 탐내며 그들이 하루빨리 세상을 떠나기를 고대하는 자식들도 많다고 한다. 이로 인해, 알뜰하게 모은 재산이 결국 '고려장'과 같은 불효자식들을 만들어 낸다는 씁쓸한 말이 오

고 가기도 한다.

　동서고금을 막론하고, 많은 이들은 사전(死前)에 미리 유산을 정리하여 법적 효력을 갖춘 유서(Will)를 글(書面)로 작성해 두는 관례를 따른다. 이러한 유서(遺書)는 법적 대리인에게 보관되며, 장례가 끝난 후 즉시 공개되는 것이 일반적이다. 그렇기 때문에, 유족들은 장례를 마치자마자 법적 대리인이 공개하는 유언장(遺言狀)에 주목하게 된다. 미국에서는 유서를 대신하는 제도로 '가족신탁'(Family Living Trust)이 존재한다. 이 제도는 한 가정이 소유한 모든 재산(부동산, 은행 계좌, 가구, 주식 등)을 공동 명의로 미리 법원에 등록해 두는 방식이다. 이렇게 하면 유족들에게 다음과 같은 편리한 점이 있다.

　1) 유서 집행에 있어서 '유언 검증'(Probate)이 제외된다. 변호사와 동행해야 하는 법원(Probate Court) 출입에 따른 변호사 비용은 가족 신탁의 비용보다 94~99% 더 높을 뿐만 아니라, 수개월 이상의 시간이 걸린다.

　2) 생전에 수시로 유언을 변경 혹은 수정(Revocable)할 수 있으나 신탁의 효력은 나와 내 아내(피신탁자) 모두 사별한 후 비로소 발효된다.

　3) 부부 중 한 사람이 먼저 떠나면, 남은 배우자가 자동으로 신탁의 주인이 되고, 마지막 신탁자 사후에는 지정된 대리인이 유서를 집행하게 된다.

　(3) 존엄한 임종(臨終): 죽음이라는 나들이를 위한 마지막 준비는 어떻게 하면 홀가분하게 떠날 수 있을 것인가 하는 과제이다. 수년 전, 미국 남성의 평균 수명에 도달할 무렵, 나는 주치의로부터 이상한 책자(Advance Health Care Directive) 하나를 받았다. 살펴보니, 죽음에 관한 최종적인 결정을 본인이 건강할 때 미리 내려야 한다는 지침서였다.

　이는 마치 2018년에 제정된 한국의 '연명의료결정법'(존엄사법)과 유사한 내용으로, 죽음에 있어서 인간으로서의 존엄과 가치를 보호하기 위한 지침들이 담겨 있었다. 다르게 해석하면, 죽음에 이르는 모든 과제들을 본인이 생전에 결정하지 않고 떠나면, 유족들에게 큰 부담과 어려움을 남기게 된다는 뜻이기도 하다. 이 지침서의 조항들은 두 사람의 증인(Witness)과 공증(Notary Public)을 받음으로써 법적 효력을 갖게 된다. 그중에서도 중요한 조항들은 다음과 같다.

1) 연명의료(Life Supporting Treatment)등에 대한 선택;
2) 장기(Organ)기증을 하겠는가?
3) 연명의료처리와 자연사의 양자택일;
4) 임종의 장소: 병원 대 가정;
5) 장례(Funeral)와 매장(Burial)의 선택;

(4) 장사(葬事): 호흡이 중단된 시신의 처리는 결국 유족들의 몫이 된다. 따라서 본인이 사전에 준비를 철저히 할수록, 남겨진 가족들의 부담은 줄어든다. 매장(埋葬)을 원하는 경우, 미리 묘지를 준비하는 것이 필요하다. 또한, 장례(葬禮) 절차도 본인이 생전에 의사를 명확히 해두면, 후손들은 그에 따라 진행할 수 있어 불필요한 어려움을 피할 수 있다. 장례 절차를 간소화하는 하나의 방안으로, 나는 장례식장에서 사용할 12분짜리 '나의 자작 동영상'을 준비했다(참조: 24장).

23

조국: 마지막 두 고향 나들이

 조국과 고향

나의 조국은, 내가 소년 가장으로 초등학교를 졸업한 이듬해(1945년), 남북으로 나뉘었으며, 80년이 지난 올해까지도 세계 유일의 분단국가로 남아 있다. 그래서 나에게는 두 개의 고향(故鄕)이 있다. 하나는 내가 세상에 태어나 누나와 동생을 만나고, 부모님의 사랑을 받으며 자란 북조선이고, 다른 하나는 1950년 남북전쟁(6.25전쟁) 때 남하하여 난민(亂民) 생활을 하다가, 만학(晩學)을 위해 떠나온 남조선이다. 나의 생애 첫 19년은 북조선의 고향에서 보냈고, 두 번째 고향인 남조선에서는 1959년 미국 유학을 떠날 때까지 9년을 보냈다. 모두 나의 조국이지만, 첫 번째 고향인 북조선은 자유로운 출입이 금지된 곳이다. 그래서 나는 떠난 지 42년이 지난 60세가 되어서야, 단 한 번 방문할 수 있었던 곳이다(참조: 17장). 그 때문인지, 나는 늙어갈수록 '철의 장막' 속에서 살아남아 있을지도 모르는 친척들, 그리고 그곳의 산천초목이 더욱 그리워진다.

이런 저런 이유로, 나는 미국에서 노후생활을 하면서도 젊은 날과 다름없이, 제2의 고향이 있는 대한민국, 자유로운 조국을 자주 찾곤 한다. 그곳에는 아버지의 친동생 네 분 중 세 분이 피난민 생활을 하시며 가족을 지켜온 덕분에, 나에게는 여러 사촌 가족들이 있다. 무엇보다도 한국은 내게 만학(晩學)의 기회를 주었으며, 내가 가정을 꾸리고 두 아들을 낳은 곳이기도 하다. 자주 방문하다 보니, 태국 방콕(Bangkok)에서 태어난 셋째 아들까지도, 나의 제2의 고향이 있는 한국의 산과 바다를 좋아하게 되었다.

그간의 수많은 한국 방문과는 달리, 나는 마지막 고향 나들이라고 생각했던 방문이 오래 사는 탓에 두 번으로 늘어나게 되었다. 그러나 각각의 방문에는 나름대로 특별한 목적이 있었다. 언제 찾아올지 모르는 죽음을 앞두고, 그 땅과 그 하늘 아래에서, 피를 나눈 친척들과 친지들에게 마지막으로 인생의 사연을 주고받고 싶었다. 그리고 알게 모르게 받은 은혜에 감사를 표하고, 세상과 작별하는 것이 인간의 도리가 아니겠는가 하는 생각에서 이루어진 방문이었다.

가을 나들이

내 발걸음이 아직 크게 불편하지 않았던 80대 중반, 나는 고국을 다시 찾기로 했다. 이 나들이는 가을의 아름다움을 간직한 산천을 둘러보고, 내 삶의 사연이 깃든 곳들을 돌아보는 것이 주된 목적이었다. 아마도 젊은 시절을 가을이 없는 열대 지역에서만 지내온 탓인지도 모른다. 그러나 보다 엄밀히 말하면, 1959년 한국을 떠나기 전 9년간 난민 생활을 했던 곳곳을 다시 찾아가, 그간 변화된 모습들을 직접 보고 싶은 마음이 더 간절했다. 그런 저런 이유로, 전쟁으로 힘들었던 시절을 함께 지냈던 사촌동생 내외가 우리의 가을 나들이 길잡이가 되어 주었다.

1) 산천초목: 우리의 여행은 자동차의 GPS를 따라, 거미줄처럼 얽힌 도로망을 헤치고 남해의 보리암(菩提庵)을 시작으로 내장산(內藏山, 전북 정읍), 춘향의 고향 남원, 변산반도, 대둔산(大芚山, 충남 금산)과 마지막으로 산정호수(山井湖水, 경기 포천)에서 여정을 마무리했다. 조상들이 오래전 이름을 붙이고 가꾸어온 명소(名所)들은 각기 개성(個性) 있는 풍경(風景, Scenery) 뿐만 아니라, 한국만의 독특한 경관(景觀, Landscape)을 품고 있었다.

한국적이란 암벽(岩壁)으로 이루어진 높고 험준한 산들이 계절을 따라 흐르는 구름을 머금어 빗물을 만들어 내고, 그 빗물이 수많은 초목을 하나같이 생육시키며, 시내와 계곡을 이루어 조화를 이루고 공생(共生, Commensalism)하는 평화로운 풍치를 만들어 가는 것이라 하겠다. 기독교인들에게 공생이란, 인간을 포함한 모든 피조물이 동일한 창조주에 의해 같은 기쁨으로 창조된 존재이며, 같은 섭리의 대상이자 상호 의존하는 동속(同屬)이라는 의미이기도 하다.

그러한 창조 세계의 자연(風物)의 영향을 받은 탓인지, 오늘날 한국 곳곳에는 자연과 조화를 이루는 인공적인 풍경들이 만들어져, 우리의 감탄을 자아내게 했다. 특히, 용수가 부족한 아프리카에서 8년을 보낸 우리에게, 한국의 산천은 더욱 특별하게 다가왔다. 언제 다가올지 모를 엄동설한도 아랑곳하지 않고 유유히 흐르는 계곡의 시냇물, 빗물로 가득 채워진 풍요로운 하천, 강둑마다 다채로운 색감(色感)으로 물든 가로수 사이의 자전거길 등, 이 모든 것이 어우러져 내게 한국의 가을은 그 어느 때보다 특별하게 느껴졌다.

2) 피난의 추억: 동해 여행은, 언제부터인가 관광 명소로 알려진 해금강이 멀리 보이는 '이북 전망대' 방문으로 시작되었다. 그다음 날은 1950년 겨울, 원산에서 포항까지 정처 없이 걸어갔던 무전여행의 기억을 되새기기 위해 버스 여행을 하기로 했다. 그 혹독했던 피난길에서 우리 일행이 먹을 것과 잠자리를 찾아 헤맸던 마을들이, 달리는 버스 창밖으로 어렴풋이 스쳐 지나가는 듯했다. 그때 밥과 잠자리를 제공해 주셨던 동해안 마을 가정들에 대한 고마운 마음이 다시금 깊어졌다. 속초에서 포항까지 걸어서 6주가 걸렸던 그 머나먼 길을, 이번에는 버스로 단 10시간 만에 부산까지 도착할 수 있었다.

부산에서 우리는 '자갈치' 시장근처의 호텔에서 3일을 투숙하면서 내가 난민 생활을 하면서 인연을 맺었던 곳곳을 찾아가 보았다.

(1) 부두 노동으로 생계를 이어갔던 3부두와 4부두의 하역장을 돌며, 밤새워 하역작업을 하고 받은 일당으로 새벽에 사먹던 찹쌀떡 생각;

(2) 가마니 하숙집이 있었던 대청동을 돌아보며, 하숙집 주인 남영이 엄마를 따라 창신동 저수지 하류에서 빨래하던 기억;

(3) 내 생애 처음 찾아간 피난교회가 있던 용두산 공원의 기억;

(4) 송도: 부두노동에서 만난 김관희 형과 진학하러 찾아간 서울에서 송도로 피난 온 한양공과대학에 대한 기억;

3) 인연을 맺었던 사람들: 서울을 떠나기 전 며칠 동안, 우리는 인연을 맺었던 거의 모든 가족들을 만날 수 있었다. 먼저 피를 나눈 친척과 처갓집 식구들, 그리고 연락이 닿는 친지들까지 한 사람 한 사람 찾아뵜었다. 이 만남들은 나에게 마지막 기회라는 생각이 들었기에, 모두를 식당에 초대해 즐거운 시간을 보내며 작별 인사를 대신했다. 그중에서도 특별한 두 모임은, 인도네시아와 인도에서 함께 정을 나누었던 가족들로부터 받은 저녁 초대였다.

떠나오기 전 마지막 주일, 나는 대학 시절 출석했던 초동교회에서 예배를 드렸다. 근 60년이라는 세월이 흐르는 동안 교회는 을지로 3가에서 종로 3가로 이전했고, 모든 것이 변했으며 내게는 낯선 얼굴들뿐이었다. 예배 후, 목사님의 소개로 머리가 하얀 두 권사님이 나를 찾아오셨다. 그분들은 내가 대학 시절 3년간 지도했던 중고등부의 여학생들이었다고 했다. 뜻밖의 재회에 감격하며, 나는 두 권사님의 초대를 받아 한식당에서 오랜 시간 이야기를 나누었고, 그 먼 옛날의 추억을 되새길 수 있었다.

그다음 날, 나는 30여 년간 우정을 나눈 옛 친구를 만나기 위해 춘천까지 기차 여행을 떠났다. 그는 월남전 당시, 내가 태국 방콕에서 WHO 근무를 시작할 때, 이웃으로 4년을 함께 지냈던 한국 대사관의 이종욱 공사(公使) 부부였다. 그 가정은 나에게 어린것들을 데리고 한국공관도 없는 아프리카 오지로 일하러간다고 갸륵하다 하시면서, 당시 태국 한인사회에서 유일하게 우리를 격려해주신 분들이었다. 지금은 딸이 살고 있는 공기 좋은 호수의 도시 춘천에서 노후생활을 하고 있다고 했다. 우리가 태국을 떠나 아프리카에서 8년을 생활하는 동안에도, 그의 가족이 영국, 독일, 뉴욕, 그리고 서울로 옮겨 다니면서도 우리의 만남은 계속되었다. 그러나 뉴욕에서 공사님이 중풍(Palsy)으로 병석에 눕게 되면서, 사모님께서는 우리와의 만남을 더욱 고대하며 늘 반가워하셨다. 떠나오기 전, 나는 이 공사님에게 영어로 두 번 연속 크게 "I love you"라고 말했다. 그 응답으로 그는 눈웃음을 지어 보이셨다. 그 후, 공사님은 2년을 겨우 넘기고 작고하셨고, 사모님은 미국 시애틀에서 아들과 함께 노후를 보내고 있다.

마지막일지도 모르는 한국 가을여행을 서울에서 끝내고 귀국하는 비행기 안에서, 나는 내장산에서 만난 대우 스님의 시집 『그대 그리운 날』에서 다음 구절들을 몇 번이고 되뇌어 보았다.

욕망에 눈이 멀어
생명의 땅 어머니가
생명의 땅 젖줄 강물이
가야할 길을 잃고 울음을 참고 있습니다.

 효도 고국방문

90이 넘어 거동이 불편해지면서 더 이상 여행은 생각할 수 없게 되었다. 그러던 차에 2023년 봄 속초에서 사업을 하는 사촌이 딸을 출가시키는 혼사가 있다는 소식이 왔다. 이 결혼식에는 온 친척들이 모인다는 이유로 둘째아들 부부가 우리에게 효도 고국방문을 주선했다. 고령이란 이유로 더 많은 여행비용이 소요됐을 것이다.

1) 속초: 나에게 강원도의 항구 도시 속초는 제2의 고향과도 같은, 많은 추억

이 깃든 곳이다. 나의 다섯째 숙부님께서는 남북이 통일되면 곧바로 고향에 두고 온 가족을 만나기 위해, 부산에서의 생활(자갈치 극장 앞에서 노상 시계 수리)을 중단하고, 일선 부대 군인들에게 시계 수리 봉사를 하시다가 속초에 정착하셨다. 이후, 숙부님께서는 '문천시계점'이라는 가게를 운영하시며, 피난 온 친척들의 생계를 도우셨다.

이 숙부님의 도움으로 나도 부산에서 부두 노동을 하다가, 육군의 군사 물자 트럭을 타고 1952년 봄 속초에 오게 되었다. 처음에는 잠시 구멍가게에서 깡통 장사를 했지만 흥미를 느끼지 못하고 있었다. 그때, 감리교회에서 풍금을 치던 여선생님의 소개로 읍사무소에서 서기(농촌 지도원)로 일하게 되었다. 1953년 7월 27일, 유엔의 '남북 휴전 협정'이 체결되자, 숙부님의 제안으로 나는 직장을 사직하고 대학 입시 준비를 하다가 진학을 목적으로 1954년 정초에 속초를 떠났다. 그 후, 숙부님께서는 휴전 협정에 실망하시고 새로운 가정을 이루어 1남 2녀의 가장이 되셨다.

속초는 그 당시 정전협정으로 발목이 묶여 고향에 돌아가지 못했던 난민들이 우거(寓居)하던, 북조선에 속했다가 수복(收復)된 지역으로 육군 제1군단이 관장하는 군정지역이었다. 만학(晚學)을 위해 처음으로 속초를 떠날 때 나는 국방색 육군트럭으로 강릉에 와서 하루 밤을 지내고, 다음날 새벽 강원여객버스로 대관령을 힘들게 넘어 해질 무렵에야 서울에 도착했었다.

마지막으로 아들과 함께 찾은 속초는 더 이상 어촌도, 통일을 기다리는 실향민들의 요새도 아닌 듯싶었다. 동해를 그리워하는 사람들의 휴양지 그리고 설악산을 찾는 관광객에 의존하는 관광도시로 변해가고 있었다. 어둠을 깨고 웃음으로 솟아나는 동해의 아침 해와 설악산의 듬직한 혼기(魂氣)에 매혹되어, 우리는 속초의 해변과 설악산의 계곡들을 오가며 그 옛날들을 회상했다.

2) 조카 결혼식: 속초시 남쪽 해변에 있는 롯데호텔에서 열린 조카의 결혼식은 500명에 가까운 축하객들로 붐볐다. 그중에는 서울에 사는 사촌 가족들 대부분도 함께하고 있었다. 만나는 손님들에게 나는 미국에 사는, 연세가 가장 많은 '왕초 형'으로 소개되었다. 이는 피난 생활 속에서 고생하셨던 세 분의 숙부님과 사촌 순호 형이 모두 작고하셨기 때문이었다. 피로연이 끝난 후 자리를 옮기며 다 하지 못한 이야기를 나누었고, 더러는 속초에서 하룻밤을 더 묵으며 담소를 나누기도 했다. 그래도 다하지 못한 이야기는 서울에서 다시 만나며 마무리할 수 있었다.

[사진 23-1] 살아남은 다섯 사촌, 신부 어머님과 남동생

4) 속초 중앙교회: 결혼식이 끝난 다음 날 주일, 나는 숙부님께서 개척하신 속초중앙장로교회에서 예배를 드렸다. 오후에는 선교회 주최로 특별 집회가 열렸는데, 내가 초대된 강사였다. 담임목사님께서는 내가 이 중앙교회 창립 후 첫 번째로 세례를 받은, 즉 이 교회가 키워낸 '제1호 교인'이라고 소개해 주셨다. 강의에 앞서, 나의 11번째 저서 『인생 90여정의 발자취』를 사촌이자 이 교회의 방서호 장로님을 통해 희망하는 분들에게 나누어 드렸다. 사실, 그날의 강의는 나에게 특별한 의미가 있었다. 그것은 내가 서울 진학을 위해 속초를 떠난 지 정확히 70년이 되는 해였기 때문이었다. 나는 '위기에 처한 한국 가정'이라는 주제로 강

의를 진행했으며, 목사님의 권유로 앉아서 강의를 마쳤다. 저녁에는 속초에 머무는 온 가족이 함께 모여 숙부님께서 가족들이 방문할 때마다 사 주시던 함흥냉면을 먹으며 옛 추억을 나누었다.

5) 마지막 날들: 우리 여행의 마지막 며칠은 장충단공원 근처에 있는 신라호텔에서 보냈다. 이곳은 나를 키워준 동국대학교가 창문을 통해 한눈에 보일 뿐만 아니라, 걸어서 10분 거리에 대학 시절 3년 동안 나의 침식을 해결해 준 '세계대학봉사회' 기숙사가 있어 더욱 의미 있는 숙소였다. 이곳을 기점으로 처갓집 친척들, 인도네시아와 인도에서 정을 나누었던 친지들, 최근까지 안부를 주고받던 학우들이 여러 모습으로 모였다. 그리고 마치 다시는 만날 기회가 없는 것처럼 마지막 작별 인사를 나누었다.

거동이 다소 불편했지만, 이번 여행에서도 새로운 만남을 갖고 싶었다. 1980년대, 인도 뉴델리에서 신앙생활을 함께했던 당시 현대중공업 상무 안종규 장로님 부부의 도움으로, 나는 동두천 쇠목골에 위치한 두레자연마을을 찾아가 주일 온라인 예배에서 김진홍 목사님의 설교를 들었다(참조: 5장). 예배 후 목사님과 직접 만나는 시간을 가졌지만, 내가 궁금했던 그가 염려하는 '한국 가정의 위기'에 대한 대책과 깊은 고견을 나누기에는 시간이 충분하지 않았다.

6) 한국적인 사조: 공항으로 가는 리무진을 기다리며 호텔 로비에서 문득 생각이 스쳤다. 한국의 명산과 계곡이 고유한 풍치와 사조(思潮)를 간직하고 있듯이, 우리가 만난 사람들에게도 한국적인 속성(Character)이 존재한다는 것이었다. 그 옛날과는 달리, 내 눈에 비친 그들은 모두 활기차고 늠름하게(Gallantly) 보였다. 그들의 말속에는 가난에서 벗어나기 위해 노력했던 근면함, 열정, 그리고 절제된 생활에서 얻은 자신감이 곳곳에 스며 있었다. 다시 말해, 자신의 노력과 인내로 덕을 세우고, 스스로 행복을 만들어 가는 소위 '자기위덕(自己威德), Self-reverence)'의 정신이 느껴졌다. 그리고 그들 모두가 나처럼 자유가 주는 혜택을 온전히 누리고 있음이 분명했다. 그리하여 아들 부부가 주선한 이번 마지

막 여행을 통해, 우리의 인생에서 친척과 친지가 얼마나 소중한 존재인지를 다시금 깊이 깨닫게 되었다.

24

영결식에 쓰일 자작 동영상

 장례(葬禮)

사람은 남녀, 신분, 고하를 막론하고 숨이 멈추는 순간 시체(屍體)로 변하며, 땅에 묻히거나(Burial) 화장(Cremation)됨으로써 인간 사회와의 모든 인연이 끝을 맺게 된다. 장례(Funeral)란, 한 인생이 세상에서의 모습을 마감하는 인간이 만든 마지막 예식이다. 과거 유교 사상이 지배했던 한국 사회에서 장례는, 관혼상제(冠婚喪祭) 즉, 사람이 살아가면서 치르게 되는 네 가지 중요한 의례(四禮) 중 하나로 여겨졌으며, 사자(死者)를 엄숙하고 정중하게 모시는 예의 절차는 지금까지도 크게 변하지 않은 듯하다. 이는 세계적으로도 마찬가지다. 장례 절차(Funeral Service)는 종교와 지역 사회의 관습에 따라 각각 다르지만, 죽음으로 인한 이별(영결, Separation by death)과 장사(葬事)의 두 과정만큼은 공통적인 절차로 보인다.

영결(永訣)이란 장사에 앞서 죽은 이를 인간적으로 영원히 떠나보낸다는 의미에서 행하는 의식으로, 흔히 '장례식'이라고 부른다. 영결식은 고인과의 인연을 회상하며 명복을 기원하는 한편, 유가족들을 위로하는 시간이라 할 수 있다. 장사(葬事)는 유가족들이 고인의 시신을 땅에 묻거나(매장) 화장하는 최종 절차이다. 우리 주변의 일부 백인들은 모든 장례 절차를 전문 회사에 의뢰하여 가족들끼리(家族葬) 조용히 장례를 치른 후, 유가족들이 평정을 되찾으면 영결식을 대신하여 고인을 기리는 '추도회(Memorial Service)'를 따로 여는 경우도 있다.

예로부터 사람들은 각자 신앙하는 종교의 장례 절차를 따르는 것이 관행이었다. 미국에서 이민 생활을 하는 우리에게 익숙한 개신교의 일반적인 장례 절차는, 내가 9살 때 작고하신 부친의 유교적인 복잡한 장례 예식과 비교하면, 훨씬 간편하면서도 엄숙하고 실용적인 방식이라는 생각이 든다.

개신교 신도(信徒)는 운명하면 담임 목사의 집례로 장례 절차가 진행된다. 이 과정은 시신을 염습(殮襲)하고 수의(壽衣)를 입히는 수시(收屍)에서부터 입관, 영결식, 그리고 하관까지 일련의 절차를 포함한다. 개신교의 영결 예배 순서에는 특별히 고인의 약력 보고와 친지 및 유족들의 추도사가 포함된다. 조문객들은 대부분 검은색 옷차림을 하며, 지나친 액세서리를 착용하거나 화려한 화장을 한 여성들은 거의 없어, 전체적으로 엄숙한 분위기가 조성된다. 또한, 개신교 장례에서는 불교의 분향(焚香) 대신 헌화가 이루어지며, 꽃봉오리를 영정 쪽으로 향하도록 제단에 올린 후 영정 사진을 향해 두 번 절을 한다. 그 후, 조문객들은 상주와 유족들에게 맞절 혹은 묵례를 하며, 조용하고 엄숙하게 영결 절차를 마친다.

장지(葬地)에서 진행되는 마지막 의식인 하관(下棺) 예배는 담임 목사의 집례로 진행되는 장례 절차의 마지막 순서이다. 하관 예배에서 상주를 비롯한 유족들은 관 위에 흙을 뿌리며 작별을 고하고, 이를 끝으로 장례 절차가 마무리된다. 만약 시신을 화장할 경우, 유골을 교회로 옮겨 추도 예배를 드리는 절차가 이어진다.

 작별인사

고인의 명복을 기원하고 유가족들에게 조의를 표하는 데 있어, 이민 교회의 영결식은 유교 사회의 장례 절차와는 사뭇 다르다. 유가족의 울음소리나 곡군(哭群)의 곡하는 소란스러움이 없어 조용하고 엄숙하다. 식순에 따라 고인의 삶을 소개하고 추모사가 이어지면, 문상 온 조문객들도 어느새 자신들의 삶을 되돌아보게 된다. 조용히 홀로 젊은 날의 추억을 되짚으며, 지금까지의 삶을 반추(反芻, Rumination)해보는 좋은 기회가 되는 것이다. 생각하고 음미(吟味)하다 보면, 내 삶을 스스로 이리저리 따져보게 되는 계기가 된다. 그리고 그 반추의 과정은, 한 인생을 마감하기 위한 준비의 시간이기도 하다. 어머니가 나의 출생을 위해 긴 시간 조심스럽게 준비하고 기다렸듯이, 나 또한 한 삶을 철저하게 정리하며 마무리하는 것이야말로, 멋진 일이 아닐까 하는 깊은 생각에 잠긴다.

영결식은 고인과의 마지막 작별 인사를 나누는, 세상에서의 유일하고도 가장 귀중한 시간이다. 그러나 주인공인 고인으로부터는 답례가 없기에, 영결식은 어쩌면 일방적인 의식처럼 느껴지기도 한다. 생명이 떠난 시신은 온기(溫氣)를 잃고 차갑게 남아 있지만, 이 영결식에서만큼은 고인이 직접 마지막 인사를 전할 방법이 있었으면 하는 아쉬움이 남는다. 그래서 나는 나름대로 한 가지 묘안을 떠올렸다. 고인이 떠난 뒤 버려질 사진들로 자작 동영상을 제작하여, 영결식에서 약력 보고를 대신하는 것이다. 이 동영상(비디오)에서 고인이 생전에 육성으로 가족들과 조문객들에게 삶의 이야기와 감사를 전할 수 있다면 어떨까? 세상에서 무엇을 하며 어떻게 살아왔는지, 함께했던 즐겁고 감사한 순간들, 그리고 미처 전하지 못한 미안한 마음과 용서를 구하는 진솔한 고백까지. 만약 이런 영상이 남겨진다면, 얼마나 현실적인 작별 인사가 될 것이며, 또한 주인을 잃고 폐물(廢物)이 될 사진들을 마지막으로 의미 있게 활용하는 기회가 되지 않겠는가?

유물이 될 사진들

주인이 떠난 세상에서 한때 소중했던 물건들은 고물(故物)과 유물(遺物)로 전락하게 된다. 새로운 주인을 찾지 못한 물건들은 결국 어느 날 폐기물 처리장으로 옮겨지게 되고, 더러는 돈을 내고 처리해야 할 것들도 적지 않다. 그러나 한 삶을 반추(反芻)하며 가장 어려운 일은, 그동안 함께 만들어온 추억들과의 이별이다. 그래서 나는 집안 구석구석에 자리 잡은 가구들, 각기 사연을 품고 있는 소중한 기념품들, 오래전 써 놓은 일기장과 같은 낙서들, 감사장과 우승컵, 파일 해 둔 신문과 잡지 조각들, 세계를 전전하며 모아온 지도들, 읽다가 마음에 들어 간직한 책들과 잡지들, 그리고 오랫동안 즐겨왔던 축음기판, 카세트, CD와 같은 음악 기기들… 이 모든 것들을 하나하나 짚어가며, 그 안에 수(繡)놓아진 사연과 연유를 회상한다. 때로는 부끄럽고, 때로는 즐거운 기억들 속에서 나는 깊은 감회에 잠기곤 한다.

폐물이 될 그 고물 중에서도, 사진들은 내 삶을 대표하는 가장 소중한 귀물(貴物)이다. 그러나 주인이 떠난 세상에서는, 그것들이 지닌 잔재(殘在)의 의미도 결국 사라지게 된다. 내 사진들은 고아원에 맡겨진 한 어린아이가 간직하는 그리운 엄마의 사진과는 다르다. 어느 누구에게도 관심의 대상이 되지 못할 것임이 분명하므로, 결국 내 손으로 폐기해야 한다고 느껴진다. 그러나 이 귀물들을 어떻게, 그리고 무엇으로 소각할 수 있단 말인가?

그래서 나는 언젠가 폐물이 될 그 많은 사진첩 속에서 내 삶과 깊이 연결된 사진들을 골라, 하나의 동영상으로 남겨보고 싶다. 호랑이가 죽어서 가죽을 남기듯이 내 인생의 흔적을 담은 비디오를 자작하고 싶은 마음인지도 모른다. 그러나 사진첩 속에 누덕누덕 쌓여 있는 수많은 사진들 중에서, 단 40~50장을 최종적으로 선택하는 일은 결코 쉽지 않다. 앞으로 더 바쁘게 살아가야 할 사람들의 시간을 고려해, 20~25초마다 한 장면씩 비추어 약 15~20분짜리 비디오를 만들 계획이기 때문이다.

🌸 자작 동영상

각 사진이 품고 있는 각기 다른 사연들을 자막으로 기록하고, 영상에는 하고 싶은 말과 좋아하는 노래를 멜로디로 삽입하여, 지루하지 않으면서도 나만의 개성이 담긴 영상을 만들어보고 싶다. 그리하여, 언제 올지 모르는 영결식에서 마지막 인사로 예의를 갖추고자 한다.

나는 외롭고 힘들었던 유년 시절부터, 아프리카와 동남아에서 열정을 쏟았던 젊은 시절 30년, 그리고 기쁘고 즐겁게 지내온 노후생활을 대표하는 영상마다, 길목길목에서 나를 지켜주신 임마누엘 하나님께 감사의 마음을 담아 두었다. 믿음의 동지들에게는 "주님 오시는 그날 다시 만나자"는 약속을, 나를 특별히 아껴주신 분들에게는 "고맙다"는 인사를, 우정을 나눈 이들에게는 "함께한 시간들이 즐거웠다"는 말을 남겼다. 그리고, 유년 시절 어머니와 나에게 먹을 것을 나누어 주었던 북조선의 고향 사람들, 9년간의 난민 생활 속에서 꿈을 꾸게 해 준 대한민국, 그리고 내 후손들이 대대로 살아갈 미국 그 모든 곳에 하나님의 가호가 함께하기를 간절히 기원했다.

나는 고달팠으나 유쾌했고, 힘들었으나 재미있었으며, 험난한 날들도 있었지만 하고 싶은 일을 찾아 지구촌의 여러 오지 마을을 누비며 살아왔다. 이 말을 남기고 싶었지만, 마음이 허락하지 않았다. 끝으로, 내 삶을 이토록 활기차게 만들어 준 나의 아내에게 어떤 말로도 적당한 감사의 표현을 찾을 수 없었다. 그래서 대신, 하나님께 부탁하는 기도로서 간구했다. 세 아들과 그 가족들에게는 "나에게 많은 추억을 만들어 주어 고맙다"는 짧은 말을 남기고, 그것으로 마지막 인사를 마쳤다. 이렇게 나의 한 삶을 깨끗이 정리하고 홀가분하게, 미련 없이 떠나고 싶은 심정을 짧은 비디오에 담아 영결식의 한 순서를 대신하고 싶은 것이다.